寄託哀思

清明祭祀與寒食習俗

寒食、插柳、蠶花會

從寒食節的起源到民間多樣化風俗

細說清明習俗

肖東發 主編　郭豔紅 編著

清明節是中華文化中極重要的傳統節日，
最初與農業節氣有關，後來演變為掃墓祭祖的日子，
象徵著慎終追遠、孝敬先人。

本書旨在探索清明節從古至今的演變，從火的崇拜到寒食節，
再到宋、明清各個時期的多樣習俗，展現了清明節深厚的文化底蘊與生命力。

目 錄

序言

火的崇拜 —— 遠古遺風

大禹得河圖後始見清明 ………… 010
源於五千年前的墓祭 …………… 017
介之推割股奉重耳充飢 ………… 024
春秋戰國時期的清明習俗 ……… 030

不斷發揚 —— 相沿成俗

自古以來的清明各項活動 ……… 038
婁護創立吃五侯鯖的食俗 ……… 048
踏青時節巧借東風放紙鳶 ……… 057
隆重的清明節宮廷饌宴 ………… 064
保健功效的寒食節美食 ………… 070
各地不盡相同的清明食俗 ……… 080

演化嬗變 —— 隨俗雅化

寒食節首次成為法定節日 …………… 086
豐富多彩的清明節遊戲娛樂 …………… 095
清明節飲茶的盛行和演變 …………… 108
寄託無限哀思的重大節日 …………… 114

文化新景 —— 已然成節

宋代清明節俗的進步發展 …………… 126
興盛於江南的吃青團食俗 …………… 139
熱鬧非凡的賞花和蠶花會 …………… 144
明清時期清明習俗的演變 …………… 154
獨特的老北京清明節涼食 …………… 170

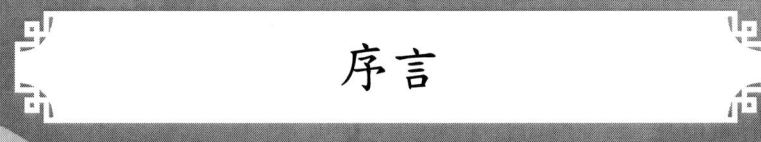

序言

浩浩歷史長河，熊熊文明薪火，中華文化源遠流長，滾滾黃河、滔滔長江，是最直接源頭，這兩大文化浪濤經過千百年沖刷洗禮和不斷交流、融合以及沉澱，最終形成了求同存異、兼收並蓄的輝煌燦爛的中華文明，也是世界上唯一綿延不絕而從沒中斷的古老文化，並始終充滿了生機與活力。中華文化曾是東方文化搖籃，也是推動世界文明不斷前行的動力之一。早在500年前，中華文化的四大發明催生了歐洲文藝復興運動和地理大發現。中國四大發明先後傳到西方，對於促進西方工業社會發展和形成，曾帶來了重要作用。

中華文化博大精深，是各族人民五千年來創造、傳承下來的物質文明和公德心的總和，其內容包羅永珍，浩若星漢，具有很強文化縱深，蘊含豐富寶藏。中華文化薪火相傳，一脈相承，弘揚和發展五千年來優秀的、光明的、先進的、科學的、文明的和自豪的文化現象，融合古今中外一切文化精華，建構具有特色的現代民族文化，向世界展示中華民族的文化力量、文化價值、文化形態與文化風采。

為此，在相關專家指導下，我們收集整理了大量古今資料和最新研究成果，特別編撰了本套大型書系。主要包括獨具特色的語言文字、浩如煙海的文化典籍、名揚世界的科技工藝、異彩紛呈的文學藝術、充滿智慧的中國哲學、完備而

深刻的倫理道德、古風古韻的建築遺存、深具內涵的自然名勝、悠久傳承的歷史文明，還有各具特色又相互交融的地域文化和民族文化等，充分顯示了厚重文化底蘊。

本書縱橫捭闔，採取講故事的方式進行敘述，語言通俗，明白曉暢，形象直觀，古風古韻，格調高雅，具有很強的可讀性、欣賞性、知識性和延伸性，能夠讓讀者們感受到中華文化的豐富內涵。

肖東發

序言

火的崇拜 —— 遠古遺風

寒食節也稱「禁煙節」、「冷節」、「百五節」。此節源於遠古時期人們對火的崇拜，而後才逐漸發展成為盛大的節日。

寒食節的具體日期是在農曆冬至後一百零五天，清明節前一二日。是日初為節時，禁煙火，只吃冷食。

寒食節在後世的發展中又逐漸增加了祭掃、踏青、盪鞦韆、蹴鞠、牽鉤和鬥雞等風俗。寒食節綿延2,000餘年，曾被稱為民間第一大祭日。

寒食節是漢族傳統節日中唯一以飲食習俗來命名的節日，而祭祖、寒食和掃墓是節日期間最具特色的活動。

火的崇拜—遠古遺風

大禹得河圖後始見清明

傳說在遠古時期,混沌初開,天地還未完全分離。中國的黃河流域洪水為患,人們因此失去了家園和土地,生活在洪水橫流之中。

人們深受洪災之害,當時有一個名叫舜的部落首領,就命令禹來治理洪水。提起大禹治水的故事,還要從一個美麗傳說說起。

那時候,在華陰潼鄉有個叫馮夷的人,他不用心耕種,一心想得道成仙。他聽別人說,只要喝上100天水仙花的汁液,就可以化為仙體,於是他到處尋找水仙花。

而在大禹治理黃河之前,黃河水已經湧流到了中原,而且沒有固定河道。河水到處漫流,氾濫成災。馮夷東奔西跑找水仙花,需要經常渡黃河。

轉眼過了99天,馮夷只要再找到一朵水仙花,吮吸一天水仙花的汁液,就可以成仙了。馮夷想到這,心裡很得意,便又跨過黃河到一個小村莊找水仙花。

這裡的水並不深,馮夷很容易就趟水過了河。然而,奇怪的是,他剛到河中間,河水就突然漲了起來。他一慌神,

跌倒在黃河裡，竟被水淹死了。

馮夷死後，一肚子的冤屈怨氣，他恨透了黃河，就來到玉帝面前告黃河的狀。

玉帝聽說黃河沒人管教，到處橫流撒野，危害百姓，很是惱火。他知道馮夷已吮吸了99天水仙花的汁液，便任命馮夷當黃河水神，治理黃河。

馮夷想，這樣既可了卻自己成仙的心願，又可報被淹死之仇，真是兩全其美。從此，馮夷就當了黃河水神，人稱河伯。

他從來沒有治理過洪水，突然擔當起治理黃河的大任，一時間束手無策。這可怎麼辦呢？自己道行淺，又不會仙術，馮夷只好又向玉帝討教方法。

玉帝告訴馮夷，要想治理黃河，先要摸清黃河的水情，畫幅河圖，有了黃河的水情河圖為依據，就可以治理黃河了。

河伯按照玉帝的指點，一心要畫幅河圖。他找到村裡的后老漢，講了他治理黃河的大志。后老漢見他如今成了仙，要為百姓們辦點好事，就答應一定幫忙。

從此，河伯和后老漢風裡來雨裡去，跋山涉水，查看黃河水情。經多年勞累，后老漢病倒了，只能回家去，分開時，后老漢再三囑咐河伯，不要半途而廢，畫好圖就著手治理黃河。

火的崇拜—遠古遺風

　　河伯繼續沿黃河查看水情。查看水情並畫河圖是件苦差事。河伯把河圖畫好後已經年老體弱。河伯看著河圖，自嘆沒有力氣去治理黃河，很是傷心。

　　河伯想，總有一天會有能人來治理黃河的，到那時，再把河圖授給能治理黃河之人，自己也就了卻心願了。

　　河伯從此就在黃河底下安度晚年，再也沒有露面。然而，黃河連連漲潮，屢屢氾濫。百姓們知道玉帝派河伯來治水，卻終日不見他出現，都怨聲載道，埋怨河伯不盡職責。

　　后老漢聽說此事後，對治理黃河的事不放心，便要去找河伯。后老漢有個兒子叫后羿，射箭百發百中，他勸父親別去找河伯。

　　后老漢不聽勸阻，結果遇上黃河決口，被沖得無影無蹤。后羿心恨河伯，便決心射死河伯。

　　有一天，河伯聽說大禹帶著開山斧、避水劍來到黃河邊，就帶著河圖從水底出來，尋找大禹。河伯走了半天，看見河對岸有個年輕人。

　　這年輕人英武雄偉，河伯心想此人或許正是大禹，就問道：「喂，你是誰？」

　　對岸的年輕人不是大禹，是后羿。他抬頭一看，河對岸一個仙風道骨的老人在喊，就問道：「你是誰？」

　　河伯高聲說：「我是河伯。你是大禹嗎？」

后羿一聽是河伯，頓時怒衝心頭，冷笑一聲，說：「我就是大禹。」說著張弓搭箭，「嗖」地一箭，射中了河伯的左眼。

河伯拔箭捂眼，疼得直流虛汗。心裡罵道：「混帳大禹，好不講道理！」他越想越氣，就去撕那幅水情圖。

正在這時，猛地傳來一聲大喊：「河伯！不要撕圖。」

河伯忍痛一看，對岸一個頭戴斗笠的人，攔住了后羿。這個人就是大禹，他知道河伯畫了一幅黃河河圖，正要找河伯求教呢！

后羿推開大禹，又要搭箭張弓。大禹趕緊攔住他，把河伯畫圖的艱辛講給他聽，后羿聽後對自己的莽撞行事後悔不迭。

后羿向河伯承認了過錯，當河伯得知后羿是后老漢的兒子，也沒多怪罪。

大禹對河伯說：「我是大禹，特地來找您求教治理黃河的辦法。」

河伯說：「我的心血和治河方法都在這張圖上，現在授給你吧！」

大禹展開圖一看，圖上圈圈點點，把黃河的水情畫得一清二楚。大禹得了黃河水情圖，日夜不停地工作，三過家門而不入。

黃河的水患解除了，瞬間天清地明，百姓們歡呼雀躍，

火的崇拜—遠古遺風

齊聲叫好:「清明啦,清明啦!」

為了紀念這一有著重大意義的日子,人們把水患除去的一天定為清明節。此後,人們就用「清明」之語來慶賀水患已除,天下太平。

後人為了紀念大禹的功績,建造了禹王宮、禹王廟、大禹陵等以示紀念。每年農曆的三月二十八日,周邊數萬的人們都會趕到山頂,向禹王朝拜。

【旁注】

混沌:中國古人想像中,天地在未開闢以前,宇宙元氣未分、模糊一團的狀態,後來用以形容模糊隱約的樣子,也形容人幼稚糊塗。此外,混沌也是中國古代的神話生物,屬於四凶之一。

大禹:姒姓,名文命,後世尊稱為大禹,也稱帝禹,為夏后氏首領、夏朝第一任君王,於西元前2029年至西元前1978年在位。他是黃帝的七世孫、顓頊的五世孫。他是傳說時代與堯、舜齊名的賢聖帝王,最卓著的功績是治理滔天洪水和劃定中國國土為九州。

河伯:中國古代神話中的黃河水神,原名馮夷,也稱「冰夷」。在《抱朴子·釋鬼篇》裡說他過河時淹死了,就被天帝任命為河伯管理河川。

后羿：是中國上古時期的傳說人物。他善於射箭，曾助堯帝射 9 日。傳說有一天，10 日齊出，禍害蒼生。天帝帝俊就派擅長射箭的羿下凡解除災禍。羿射 9 日，只留一日，為大地帶來復甦的生機。

禹王宮：位於四川省巴中市南江縣長赤鎮，建於西元 1797 年，為四合院中式磚木結建構築。山門前壁係鏤空青磚浮雕花卉、飛禽、走獸、喜字圖案和張飛所當陽橋圖、白鶴壽星圖等，刻工精美，表情生動。此外，在安徽省懷遠縣也建有禹王宮。

禹王廟：是紀念大禹的祠宇，專為紀念大禹治水而建。大禹在遠古歷史中，至少在水事活動中，具有保護神的地位，禹王廟和關帝廟一樣，在百姓心中占據著重要位置。全國各地許多地方都建有禹王廟，如石泉禹廟，重慶塗山禹廟、成都禹廟、忠縣禹廟、奉節禹廟、南充禹王宮等。

大禹陵：位於浙江省紹興城東南稽山門外會稽山麓，相傳是中國古代治水英雄大禹的葬地。大禹陵本是一座規模宏大的古典風格建築群，由禹陵、禹祠和禹廟三部分組成，建築面積 2,700 多平方公尺。

火的崇拜─遠古遺風

【閱讀連結】

關於河圖的來歷，中國民間還有一種說法。傳說，伏羲是透過龍馬身上的圖案，與自己的觀察，畫出的「八卦」，而龍馬身上的圖案就叫做「河圖」。

八卦源於陰陽概念一分為二，文王八卦源於天文曆法，但它的「根」是〈河圖〉。〈河圖〉過去被人認為很神祕，實際上它只是數學中一個分支，通常叫它為幻方或魔術方塊。

〈河圖〉問世以後被古人加以神化；後又在歷史過程中，被《易》學們加入了五行、陰陽、四時和方位之說，更進一步說明節氣、陰陽與萬物生、壯、榮、衰的相互關係。

源於五千年前的墓祭

清明節是一個祭祀祖先的節日，主要是掃墓，是慎終追遠、敦親睦族及行孝的具體表現。掃墓源於 5,000 年前的墓祭，就是在墳墓前祭祀祖先。

據傳，清明節始於古代帝王將相的「墓祭」之禮。後來民間也爭相仿效，於此日祭祖掃墓，歷代沿襲，從而成為中華民族一種固定的風俗。

中國古代墓祭的禮制可追溯到 5,000 年前，而且當時的墓祭已是祖先偶像與祖先亡靈相結合的祭祀形式。

在古文獻中曾提到一個為人所恥笑的齊國人。這個齊國人經常到東郭的墳墓前乞食祭墓的祭品，可見當時掃墓的風氣已經盛行。

根據祭祀的場所，中國古代的祭祖可分為宗廟祭祀和墓祭兩種。墓祭主要是指生者在墓前祭祀祖先，以表達和寄託對死者的孝思之情，後世又稱「祭墓」，俗稱「拜掃」或「掃墓」。

根據考古發現，早在新石器時期，中國已經有了墓祭習俗，在殷商時期墓祭之風漸為風行。

火的崇拜—遠古遺風

本來，寒食節與清明節是兩個不同的節日，「清明節」的得名源於農曆 24 節氣中的清明節氣。每年冬至後的第一百零五天就是清明節氣。

清明節氣共有 15 天。作為節氣的清明，時間在春分之後。這時冬天已去，春意盎然，天氣清朗，四野明淨，大自然處處顯示出勃勃生機。用「清明」稱這個時期，是再恰當不過的稱呼。

此時春暖花開，萬物復甦，天清地明，正是春遊踏青的好時節。踏青在歷代承襲成為習慣。踏青除了欣賞大自然的湖光山色、春光美景之外，還開展各種康樂活動，增添生活情趣。

清明時節總是給予人些許悲涼和傷感，而與一般傷春悲秋不同的是，它不是關乎個人當下的特殊經驗，而是一種更加深沉遼遠的生命之感。

「事死如事生」。清明將至，細雨綿綿、草木萌生，踏青遠足、南燕北歸，那逝去親人的墳塋墓地是否也會有狐兔穿穴打洞？是否也會因雨水浸滿而塌陷崩落？或者，我們自己是否也會有因時序更替光陰流逝，所帶來的某種情愫心思需要前去傾訴抒發？

正是這樣一種隨天地執行而來的情之發、意之動，才引發了人們清明墓地祭掃的情景。於是，清明也就由一種與農

源於五千年前的墓祭

事活動相關的自然之「氣」，轉換為緬懷先人文化之「節」，具有特殊的意涵。

掃墓實際就是墓祭。古代帝王曾將其確定為國家禮制。上古時期「墓而不墳」，就是只打墓坑，不築墳丘，因此這個日子主要與上巳和寒食連繫在一起。後來，便「墓而且墳」，祭掃之情便有了依託。

當時，人們即使離京千里也要在清明回鄉掃墓。而掃墓內在動機，結合中國民間傳統的「鬼節」可以更清楚地被理解。

從節氣上看，霜降以後天氣轉涼，我們自己要添衣禦寒，那生活在彼岸世界的先人們是不是也有同樣的需求呢？於是就有了為他們燒點衣物錢財以順利過冬的燒包習俗。

事死如事生的心理邏輯以古老而樸素的靈魂觀念和祖先崇拜為基礎。「鬼節」最初的緣起如此，清明節最初的緣起也有此因。

清明節流行掃墓，掃墓其實就是清明節前一天寒食節的內容。因此每逢清明節到來，掃墓就成為社會重要風俗。因寒食與清明相接，後來就逐漸傳成清明掃墓了。直至後來，清明掃墓成為盛行的習俗，世代相沿。

古代寒食節也叫禁煙節，有禁煙風俗。每年到這一時節，要求國人家家禁止生火，皆吃冷食。禁煙是節日裡最主

火的崇拜—遠古遺風

要甚至是必須的措施。在禁火之時，人們就準備一些冷食，以供食用，後來就慢慢成了固定的風俗。

寒食節距冬至一百零五天，也就是距清明不過一天或兩天。這個節日的主要節俗就是禁火，不許生火煮食，只能吃備好的熟食和冷食，故而得名。

寒食節的源頭，其實是遠古時期人類對火的崇拜，源於古代的鑽木、求新火之制。古人因季節的不同，選取不同的樹木來鑽火，有改季改火的風俗。而每當新的季節改火之後，就要換取新火。新火未至，就禁止人們生火。這是當時的一件大事。

古人的生活離不開火，但是火往往又為人類造成極大的災害，於是古人便認為火有神靈，便要祀火。

在古代，家家戶戶所祀之火，每年又要止熄一次。然後再重新燃起新火，此舉被稱為「改火」。每當改火時節，人們都要舉行隆重的祭祖活動，將穀神稷的象徵物焚燒，稱為人犧。相沿成俗，便形成了後來的禁火節。

據《周禮‧秋官‧司烜氏》記載：

中春以木鐸修火禁於國中。

可見當時是搖著木鐸，在街上走，下令禁火。司烜氏，其實就是專管取火的小官。

這樣慢慢就成了固定的風俗了。在此期間，人們還有吃杏酪食俗。杏酪自古以來就被人們作為寒食節中的一種上等食品。在東晉孫楚祭祀介之推的食品中，便有杏酪。

以後，寒食節才與介之推的傳說連繫起來，成了寒食節。而寒食節的日期也要長達一個月。而長期吃冷食，畢竟不利於人的健康。

之後，人們便縮短日期，從7天、3天逐漸改為1天。到了後來，人們便直接把寒食節融合在清明節中一起度過了。

古人在寒食節掃墓，通常也不設香火。人們將紙錢掛在墳塋旁的樹上。前去掃墓的鄉里人，都登到高處遙望，以示祭祀。將裂帛拋往空中，稱之為辦錢。而京師周圍地區，人們在拜掃時，便設置酒和飯食，帶領全家老幼外出春遊。

此後，清明節便由一個單純的農業節氣，上升為重要的大節日了，寒食節的影響也就消失了。但寒食的食俗以若干變化的方式傳承下來，並保存於清明節中。

清明節期間，不僅春暖花開，陽光和煦，適合人們出外春遊拜掃親人墳墓，還能消除「盛冬去火，殘損民命」的憂慮。把寒食節併為清明節既符合民意又符合時令，實屬明智之舉。

火的崇拜—遠古遺風

【旁注】

新石器時期：在考古學上是石器時代的最後一個階段，以使用磨製石器為象徵的人類物質文化發展階段。這個時期在地質年代上已進入全新世，繼舊石器時代之後，或經過中石器時代的過渡而發展起來，屬於石器時代的後期，年代大約從1.8萬年前開始，結束時間從距今5,000多年至2,000多年不等。

殷商：商朝，又稱殷，是中國歷史上的第二個朝代，是中國第一個直接有同時期文字記載的王朝。夏朝諸侯國內商部落之首領商湯率諸侯國於鳴條之戰滅夏以後，在商丘建立商朝。商朝在殷建都達273年，商朝處於奴隸制鼎盛時期。

鬼節：是指鬼過的節日。在中國有四大鬼節，分別是農曆三月三日，清明節，農曆七月十五日和農曆十月初一。鬼節源於目連救母的故事。由此可見，「鬼節」是因傳統美德的孝心而起的。

霜降：二十四節氣之一，天氣漸冷，開始有霜，是秋季的最後一個節氣，也意味著冬天的開始，霜降時節，養生保健尤為重要，民間有諺語「一年補透透，不如補霜降」。霜降一般是在每年10月23日。這時黃河流域一帶出現初霜，大部分地區多忙於播種三麥等作物。

杏酪：中國傳統食品。又稱杏仁茶。作法是把甜杏仁、

糯米麵、白糖各取適量。甜杏仁磨細備用，鍋中適量清水煮沸，下甜杏仁及糯米麵調勻。再下白糖，煮至熟即可服食。其藥用價值是適於風寒咳嗽，常服有防癌，抗癌作用。

介之推（？～西元前636年）：春秋時期晉國賢臣，又名介子推，後人尊為介子，因「割股奉君」，隱居「不言祿」之壯舉，深得世人懷念。死後葬於介休綿山。晉文公重耳深為愧疚，遂改綿山為介山，並立廟祭祀，由此產生了清明節前一天的「寒食節」，歷代詩家文人留有大量吟詠緬懷詩篇。

【閱讀連結】

墓祭又稱祭掃，中國過去一般每年都要舉行春秋二祭，春祭在清明節，秋祭在重陽節，重陽祭掃祖墳活動在境內並不普遍，且久已無聞，唯有清明節的祭墓活動十分普遍。

每到清明日，家家戶戶都有人上山祭掃祖墳。祭掃時，要清除祖墳周圍的雜草。祖墓如有損壞，也要整修。民間舊俗，祖墓之土平時不宜輕動，只有在清明祭掃之時可以進行此項工作。墳墓周圍打掃清淨之後，就把「紙錢」壓在祖墳前後左右。

掃墓結束後，掃墓者必折一枝馬尾松松枝，帶回家插於門上，用以表示這戶人家沒有忘記祖先，已經掃過墓了。後來，這項風俗從形式到內容都發生了重大變化。

火的崇拜─遠古遺風

介之推割股奉重耳充飢

　　寒食節相傳是源於春秋時期的晉國，是為了紀念晉國公子的臣子介之推而專門設立的節日。

　　相傳，在春秋戰國時代，晉獻公的妃子驪姬為了讓自己的兒子奚齊繼位，就設毒計謀害太子申生，申生被逼自殺。

　　當年重耳出逃時，先是父親獻公追殺，後是兄弟惠公追殺。重耳經常食不果腹、衣不蔽體。有一年重耳逃到衛國，一個叫作頭須的隨從偷光了重耳的糧食，逃入深山。重耳無糧，飢餓難耐向田夫乞討，不但沒要到飯，反被農夫們用土塊當成賊戲謔了一番。

　　重耳在流亡期間受盡了屈辱。在一處渺無人煙的地方，又累又餓暈了過去，再也無力站起來。跟著他一道出奔的臣子，大多都各奔出路去了，只剩下少數幾個忠心耿耿的人一直追隨著他。

　　隨臣找了半天也找不到一點吃的，正在大家萬分焦急的時刻，有一人悄悄走到僻靜處，此人就是介之推。

　　介之推走到僻靜處後，忍著劇痛，用一把刀子從自己的大腿上割下了一塊肉。隨後，他為重耳煮了一碗肉湯。當重

介之推割股奉重耳充飢

耳喝完肉湯後,漸漸恢復了精神,而當重耳發現肉是介之推從他自己腿上割下的時候,流下了眼淚。

19年以後,重耳作了晉國的國君,他就是歷史上的晉文公。晉文公即位以後,重重賞了當初伴隨他流亡的功臣,唯獨介之推被遺忘。眾人都為他抱不平,他卻不肯面見聖上請賞。

《呂氏春秋》記載,當時介之推不肯受賞,曾賦詩一首:

有龍于飛,周遍天下。
五蛇從之,為之丞輔,
龍返其鄉,得其處所,
四蛇從之,得其露雨,
一蛇羞之,橋死於中野。

鄰居解張為介之推抱不平,夜裡寫了封書信掛到城門上。晉文公看到這首詩後,後悔自己忘恩負義,趕緊派人召介之推受封,才知道他已背著老母親隱入綿山。

綿山山高路險,樹木茂密,找尋兩個人談何容易。於是,有人獻計,從三面火燒綿山,逼出介之推。晉文公便下令舉火燒山,孰料大火燒了三天三夜,在大火熄滅後,終究不見介之推出來。

火熄以後,人們才發現身背老母親的介之推已坐在一棵老柳樹下被火燒死了。晉文公見狀,慟哭不已。

火的崇拜—遠古遺風

人們在裝殮介之推的屍體時，從樹洞裡發現一張血書，上而寫道：

割肉奉君盡丹心，但願主公常清明。
柳下做鬼終不見，強似伴君作諫臣。
倘若主公心有我，憶我之時常自省。
臣在九泉心無愧，勤政清明復清明。

晉文公被介之推的忠君愛國之心感動不已，他將血書藏入袖中。然後把介之推和他的母親分別安葬在那棵燒焦的大柳樹下。

為了紀念介之推，晉文公下令把綿山改為「介山」，在山上建立祠堂，並把放火燒山的這一天定為寒食節，曉諭全國，每年這天禁忌煙火，只吃寒食。

臨走時，晉文公還伐了一段燒焦的柳木，到宮中做了雙木屐，每天望著它嘆道：「悲哉足下。」足下是古代時，下級對上級或同輩之間相互尊敬的稱呼，據說就是來源於此。

第二年，晉文公領著群臣，素服徒步登山祭奠，表示哀悼。行至墳前，只見那棵老柳樹死樹復活，綠枝千條，隨風飄舞。

晉文公望著復活的老柳樹，像看見了介之推一樣。他敬重地走到跟前，珍愛地掐了一下枝，編了一個圈戴在頭上。祭掃後，晉文公把復活的老柳樹賜名為「清明柳」，又把這天定為清明節。

介之推割股奉重耳充飢

以後，晉文公常把血書帶在身邊，作為鞭策自己執政的座右銘。他勤政清明，勵精圖治，把國家治理得很好。此後，晉國的百姓得以安居樂業，對有功不居、不圖富貴的介之推，人民非常懷念。

於是，每逢介之推死的那天，大家禁止煙火來表示紀念。同時，人們還用麵粉和著棗泥，捏成燕子的模樣，用楊柳條串起來，插在門上，召喚他的靈魂。

歷史上，寒食節活動由紀念介之推禁煙寒食為主，逐步演變為以拜掃祭祖為主。其中蘊含忠孝廉潔的理念，完全符合古代「國家需要忠誠，家庭需要孝道」的傳統道德核心，成為家庭和諧、社會穩定的重要媒介。

古代先民對寒食節禁煙冷食的執著，表達了對千古先賢介之推忠貞不渝的懷念之情。

可以說，寒食節的意義遠遠大於清明，若比作母子，寒食為母，清明為子。清明尤在，而寒食早已不存。可以說，寒食伴隨著吹面不寒的楊柳之風，在歲時節日的演變過程中靜靜地融入了清明。

【旁注】

春秋：指西元前 770 年至西元前 476 年這個時期。因魯國編年史《春秋》得名。春秋時期，始於平王東遷，為東周歷

火的崇拜─遠古遺風

史的第一個階段，歷時約 255 年，是中國歷史上社會經濟急遽變化，學術文化異彩紛呈的一個變革時期，是中華古代文明逐漸遞嬗為中世紀文明的過渡時期。

晉獻公：春秋時代的晉國君主。他在位 26 年，是曲沃武公之子。因其父活捉戎狄首領詭諸而得名。即位後用士蔿之計，盡滅曲沃桓公、莊伯子孫，鞏固君位。奉行尊王政策，提升聲望。史稱其「並國十七，服國三十八」。

衛國：周王朝的姬姓諸侯國，位於河南省鶴壁、新鄉一帶。姬封，史稱康叔為衛國的第一代國君。秦始皇滅六國後，衛國因為弱小而得以留存。衛國地域大致在黃河北岸，太行山脈東麓一帶。周武王滅商後，賜同母弟封康邑，史稱康叔封。讓康叔遷徙至殷商故都，建立衛國。

《呂氏春秋》：戰國末年由秦國丞相呂不韋組織屬下門客，集體編撰一部百科全書似的傳世鉅著，是一部雜家著作，又名《呂覽》。此書共分為12紀、8覽、6論，共12卷，160篇，20餘萬字。呂不韋自己認為其中包括了天地萬物古往今來的事理，所以號稱《呂氏春秋》。

晉文公（西元前 697 年～西元前 628 年）：初為公子，謙而好學，善交賢能智士。文公對內拔擢賢能，對外聯秦合齊，保宋制鄭，尊王攘楚，開創了晉國長達百年的霸業。文公文治武功，昭明後世，與齊桓公並稱「齊桓晉文」，為後世

儒家、法家等學派稱道。

周舉（西元 105 年～西元 149 年）：東漢汝南汝陽人，陳留太守周防的兒子。姿貌短陋，而博學洽聞，北儒學之人推諉正宗，故京師為之語曰：「《五經》從橫周宣光。」

【閱讀連結】

後人為了紀念介之推，專門修建了一座介之推廟。介之推廟位於山西省晉中靈石縣境內的張嵩村，稱英毅聖王廟。介廟所建處，原有母子相、母子碑。

傳說母子柏所生之處是介之推母子相抱被焚死之地。介廟周圍原來環境清幽，風景秀麗，氣候溫涼。由於這個原因，這裡也被人稱為「神林」。

可惜後來山林廟宇均被火焚毀，現僅存寺廟的偏院一處，院內還存有原廟基的石墩和五通石碑。

火的崇拜─遠古遺風

春秋戰國時期的清明習俗

大約在 2,400 年前的春秋時期，過清明節的活動開始豐富起來，包括牽鉤、射柳、植樹等。同時，人們逐漸形成了在清明節吃餳的飲食習俗。

牽鉤是古稱，其實就是拔河運動，始於楚國。楚國春秋戰國時期南方的一個諸侯國，楚人是華夏族南遷的一支，最早興起於漢江流域的丹水和淅水交會的淅川一帶，其全盛時的最大轄地大致為現在的湖北、湖南全部、重慶、河南、安徽、江蘇、江西、浙江等地。

楚國地處大江南北，水道縱橫，除陸軍外，還有一支強大的水軍舟師，並曾發明一種稱之為「鉤拒」的兵器，專門用於水上作戰。當敵人敗退時，軍士以鉤拒將敵船鉤住，使勁往後拉，使之逃脫不了。

後來鉤拒從軍中流傳至民間，被水鄉漁民仿效，成為一項民間體育娛樂活動，演變為牽鉤比賽。

據說春秋時期，楚國為了進攻吳國，以牽鉤這種運動來增強人民的體質。它主要是以一根麻繩，兩頭分為許多小繩，比賽時，以一面大旗為界，一聲令下，雙方各自用力拉

繩，鼓樂齊鳴，雙方助威吶喊，十分熱鬧。

在古代拔河時，還要敲著大鼓，以壯士氣。唐玄宗曾多次觀看拔河比賽，拔河者多至千餘人，呼聲震天，中外觀眾，無不震駭。

拔河所用的繩索，唐代以前用篾纜，唐代的民間則用木麻。木麻通常長達150多公尺，兩頭分繫小索數百條，掛於前，分二朋，兩勾齊挽，立大旗為界，震鼓叫噪，使相牽引，以卻者為勝，就者為輸，名為「拔河」。

拔河的起源，本來是由於雙方交戰，後來，軍中的兵士們也多以此為戲。不僅僅是兵士這麼做，宰相和將軍們也喜歡此類運動，甚至宮女們也常組隊拔河。拔河遊戲發展成為上至皇親貴族下至平民百姓，備受青睞，盛況空前的活動。

除了牽鉤活動，清明時節中國古代民間還有射柳和植樹習俗。射柳是古時一種練習射箭技巧的遊戲。遊戲時，先將鴿子放在葫蘆裡，然後將葫蘆高掛於柳樹上，彎弓射中葫蘆，鴿子飛出，以鴿子飛的高度來判定勝負。

一些文人墨客和學子們，常在柳樹上掛個有鵓鳩鳥的葫蘆，百步之外用弓箭或彈弓射之，善射者矢中葫蘆，鵓鳩受驚飛出，以鵓鳩飛出的高低決定勝負。

清明前後，春陽照臨，春雨飛灑，種植樹苗存活率很高，成長快。因此，自古以來，中國就有清明植樹的習慣。

火的崇拜—遠古遺風

有人還把清明節叫作「植樹節」，植樹風俗便一直流傳下來。

寒食清明，這個中國傳統的節日，除了有慎終追遠的感傷，還融合了歡樂與賞春的氣氛。除了特殊的節日活動，在中國還有清明節吃餳的食俗。

「餳」就是人們通常所說的飴糖，它是古代寒食節必備的食品。自古以來，許多文人墨客曾經藉助詩詞生動地記述了當時祖先過寒食節時的盛景，如「海外無寒食，春來不見餳」、「市遠無餳供寒食」、「簫聲吹暖賣餳天」、「粥香餳白杏花天」等。

從眾多提到「餳」的寒食詩作中不難看出，古代先人過寒食節必須要有「餳」這種食物。如果在寒食節裡沒有「餳」這一食品，人們就認為這個節日不完整。

關於「餳」這種食品，古代還有一則典故。據說後人在《六經》中找不到「餳」字，便對「春來不見餳」的詩句提出了質疑。有人針對這個問題進行了研究。

經過尋找，人們發現在戰國時期的《楚辭》中曾經提到一種叫做「餦餭」的食品，而「餦餭」就是人們所稱的「餳」。

據古文獻記載，寒食為冷食，《楚辭·招魂》中名「粔籹」，又名「餲」、「環餅」等，其用糯米粉和麵油煎製成，可保存，寒食禁火時用以代餐。

其實，古人所說的「餳」就是專指用麥芽和穀芽等熬成的

> 春秋戰國時期的清明習俗

糖。中國傳統食品貫餡糖，就是用大麥芽和小米經過糖化以後，熬製而成的。

貫餡糖是古人在冬令時節的保健食品，是在春節至寒食節期間作為饋送親友和祭灶供神的主要食品。追根溯源，貫餡糖事實上就是古代寒食節的家用食品。

直到後來，晉北地區一直沿襲用餳的習慣，餳就是山西名品——麻糖的初級品。麻糖入口後很甜也很黏，故中國民間素有「二十三，餳瓜黏」的民諺。

傳統中醫學還認為，飴糖有補中益氣、健脾和胃、潤肺止咳的功效，可謂是藥食兼備。據傳，古人曾經使用寒食餳，治癒好眼睛中的飛矢惡疾等病例，這也說明了「餳」在古代也曾作為藥用。

飴糖主要含麥芽糖，並含維生素 B 和鐵等。有軟、硬之分，軟者為黃褐色黏稠液體；硬者係軟飴糖經攪拌，混入空氣後凝固而成，為多孔之黃白色糖塊。藥用以軟飴糖較好。味甘，性溫。能補中緩急，潤肺止咳，解毒。溶化飲，入湯藥，嚼咽，或入糖果等。然而，脾胃濕熱、中滿嘔噦者不宜食用。

清明節期間，百姓不生火，只吃冷食，許多城市中的飴糖攤販生意都非常興隆。

在民間也有吃餳大麥粥的習俗。據古文記載，寒食「禁

火的崇拜—遠古遺風

火三日,造餳大麥粥」。其製法是先將大麥熬成麥漿,煮熟,有時還可以加入搗碎的杏仁,冷凝後切成塊狀,食時澆上糖稀。

此外,還有一種耐保存、適宜冷食、又酥香脆美的食品「寒具」,堪稱寒食節的美食。

北魏農學家在《齊民要術·餅法》中說:

環餅一名「寒具」,以蜜調水溲麵;若無蜜,煮棗取汁。牛羊脂膏亦得,用牛羊乳亦好,令餅美脆。

這段文字該是對色香味俱全的寒具最有力的描述。

【旁注】

楚國:春秋戰國時期南方的一個諸侯國,其國君為熊氏。楚國先人用自己的勤勞與智慧,創造出令世人矚目的楚文化。楚文化的主源是中原文化。至楚國滅亡後幾百年間,楚國這個稱謂斷斷續續被多個政權與藩王沿襲保存了下來。五代十國時期的楚國史稱「南楚」或「馬楚」。

貫餡糖:營養豐富,具有皮薄、餡香、氣味芬芳、味道鮮美可口等特點。因主要成分為糖稀,而糖稀則是用大麥生芽後與小米經糖化而成,故具有溫肺、健腎之功能,亦有催乳之良效,且糖餡內之核桃仁性甘、平溫,故又有健腦補腎、補氣養血、潤肺化痰等功能。

吳國：存在於長江下游地區的姬姓諸侯國，是春秋中後期最強大的諸侯國之一，在吳王闔閭、夫差時達到鼎盛。吳國有季札通習中原禮樂，有孫武名將及《孫子兵法》，開鑿京杭大運河，有著名兵器吳鉤。

楚辭：是戰國時代的偉大詩人屈原創造的一種詩體。漢代時，劉向把屈原的作品及宋玉等人「承襲屈賦」的作品編輯成集，名為《楚辭》。並成為繼《詩經》以後，對中國文學具有深遠影響的一部詩歌總集。又是中國漢族文學史上第一部浪漫主義詩歌總集。

中醫：一般指中國以漢族人民創造的傳統醫學為主的醫學，所以也稱漢醫。中醫學以陰陽五行作為理論基礎，透過望、聞、問、切，四診法判斷病情，使用多種治療手段，使人體達到陰陽調和而康復。中醫產生於原始社會，春秋戰國時中醫理論已經形成基礎，出現解剖和醫學分科。

【閱讀連結】

清明節期間，中國各地都有不同的節日習俗。東北地區清明節這天，老百姓習慣做餑餑、煮雞蛋吃。華北地區，人們習慣食豌豆黃，好遊者則至鄉村踏青。山西翼城縣，家家預煮黑麵涼粉，於清明日切薄塊灌湯而食之。

福建地區，清明期間，人們則有佩柳祀祖先，掃墓添

火的崇拜—遠古遺風

土,塚上掛依陌。折柳枝插門左右,名闢邪。「上巳」,取南燭木莖葉搗碎,漬米為飯成紺色以食,且相饋遺。河南許昌地區,人們在清明日祭先塋,攜酒餚郊飲,謂之「踏青」。

不斷發揚 —— 相沿成俗

秦漢時期,清明節的活動更加豐富多彩。主要包括源於先秦時期的插柳習俗、踏青、放風箏以及祭祀習俗。在古代,柳在人們的心目中具有闢邪的功用,便有了極具象徵意義的插柳習俗。

到了漢代,流行一種味道鮮美的雜燴菜名為「五侯鯖」。而這一時期,清明墓祭已成為不可或缺的禮俗活動。

到了南北朝時期,中國民間逐漸形成了一些具有代表性的清明節娛樂習俗和食俗。娛樂習俗主要有盪鞦韆,食俗主要有饋宴、吃饊子以及寒食節吃粥等食俗。

不斷發揚—相沿成俗

自古以來的清明各項活動

寒食節是春秋時晉文公為紀念介之推而設的節日，歷經各朝各代沿襲至今。雖經多次禁斷，卻屢禁屢興，寒食習俗蔓延全國，深入民心。

關於寒食節禁煙，更為詳實的禁煙說，見於西漢末年無神論者桓譚撰著的《新論》。

在《新論》文中有描述：

太原郡，隆冬之時五日不生火食冷食，雖有病但不敢觸犯法規，統治者應該改變此規定。

東漢時期，名重朝廷的尚書周舉初，在并州任刺史時，當時并州的百姓視介之推為鄉神，士民每年冬季怕神靈不樂見火，於是每年冬天都要吃一個月的寒食，不敢生火。

老小之人不堪寒冷，每年在這一時期，都會死很多人。於是，寒食節禁煙令一度被廢止。

據史料記載，西元332年一次史無前例的大冰雹起自西河介山，冰雹大如雞子，平地3尺，行人禽獸死者萬數。冰雹所到之處，太原、樂平、武鄉、趙郡、廣平、鉅鹿等地

1,000多公里,樹木摧折,莊稼無存。

當時,後趙帝王石勒,在東堂詢問中書令徐光下冰雹的原因。

徐光說:「去年,皇帝禁寒食。帝鄉之神介之推,歷代為世人所尊,介山左右的田地成為晉文公祭介之推田,這一帶百姓奉祀介之推,士民們願寒食禁火可任其隨便。皇帝縱不能讓天下人心都同介山之人。」

於是,石勒下詔書禁寒食。

此外,在西元474年、西元492年和西元502年,魏孝文帝連續三次禁斷寒食。他在第三次令文中說:除介山之邑聽任為之,寒食自此禁斷。

寒食節歷經幾朝當政者的屢屢禁斷,但仍能相沿持續,除了國人追憫昔賢,不忍介之推英靈泯沒之外,一個很重要的原因,就是後來的寒食節最終選定在冬至後的第一百零五天,即清明節期間。

清明時節自古就有插柳的習俗。北魏農學家賈思勰《齊民要術》裡記載:

取柳枝著戶上,百鬼不入家。

說的就是這一習俗。

柳為落葉喬木,陽春始發,枝條柔韌,葉似春風裁剪,

不斷發揚—相沿成俗

枝幹縱橫倒順，插之皆可成活。寒食清明習俗的象徵之一，就是家家要插柳。

楊柳有強大的生命力，寒食插柳習俗歷史悠久。每到寒食節這天，江淮人家折柳插門。據說，插柳的風俗，也是為了紀念「教民稼穡」的農事祖師神農氏。有的地方，人們把柳枝插在屋簷下，以預報天氣，古諺有這樣的說法：

柳條青，雨濛濛；

柳條幹，晴了天。

俗話說：「有心栽花花不發，無心插柳柳成蔭。」柳條插土就活，插到哪裡，活到哪裡，年年插柳，處處成蔭。

柳在人們的心目中具有闢邪的功用。清明插柳戴柳還有一種說法：中國人以清明、七月半和十月朔為三大鬼節，是百鬼出沒討索之時。人們為防止鬼的侵擾和迫害，而插柳戴柳。

此外，因受佛教的影響，人們認為柳可以怯鬼，而稱之為「鬼怖木」，觀世音以柳枝沾水濟度眾生。清明既是鬼節，值此柳條發芽時節，人們自然紛紛插柳戴柳以闢邪了。

漢代人有灞橋「折柳贈別」的風俗，每當漢代人送客至此橋，便折柳贈別。古代長安灞橋兩岸，堤長十里，一步一柳，由長安東去的人多到此地惜別，折柳枝贈別親人，因「柳」與「留」諧音，以表示挽留之意。

楊柳是春天的象徵，在春天中搖曳的楊柳，總是給予人欣欣向榮之感。「折柳贈別」就蘊含著「春常在」的祝願。

古人送行折柳相送，是一種對友人的美好祝願。也寓意親人離別去他鄉正如離枝的柳條，希望他到新的地方，能很快地生根發芽，好像柳枝之隨處可活。

古人的詩詞中也大量地提及折柳贈別之事。如，「新知折柳贈」、「別路恐無青柳枝」、「年年長自送行人，折盡邊城路旁柳」等。

人們不但見了楊柳會引起別愁，連聽到〈折楊柳〉曲，也會觸動離緒。這就自然引起古代文人墨客寄情筆端的感懷。其實，柳樹可以有多方面的象徵意義，古人又賦予柳樹種種感情，於是借柳寄情便是情理中之事了。

除了插柳，中國清明節也有戴柳的習俗，有將柳枝編成圓圈戴在頭上的，也有將嫩柳枝結成花朵而插於髮髻的，還有直接將柳枝插於髮髻的。

清明節的清晨，街市叫賣楊柳，家家折一枝綠柳蘸上清水，插上門楣，婦女則結楊柳球，戴在鬢邊。

民間諺語有：

清明不戴柳，死後變黃狗。

清明不戴柳，來世變豬狗。

不斷發揚—相沿成俗

這說明，在古人眼裡戴柳也有闢邪的作用，清明戴柳之俗在各地都很常見。

柳是寒食節的象徵之物，但有一些地方有紀年華之義，有所謂的清明插柳「紀年華」，「清明不戴柳，紅顏成皓首」之說。

發展到後來，人們就乾脆把男女成年行冠禮的時間統一定在「寒食」節，而不論生時年月，凡官民不論大小家，子女未冠的人，於此日戴柳，即為成年象徵。

據此，後世便有「紀年華」的遺俗，並演化成婦女戴柳球於鬢畔以祈紅顏永駐的習俗。在此，青青春柳又有了象徵青春的意義。時值春季婦女戴柳，則表現出對青春年華的珍惜與留戀。

清明節又叫踏青節，踏青又叫春遊，古時還叫踏春、探春、尋春等。每至清明時節，人們在花草返青的春季，結伴到郊外原野遠足踏青，並進行各種遊戲以及盪鞦韆、放風箏等活動。

中國的踏青習俗由來已久，傳說遠在先秦時期就已形成。每年春天，人們都要結伴到郊外遊春賞景，風俗日益興盛。

「江上冰消岸草青，三三五五去踏青。」清明時節同時也是個生機勃發的時日，人們告別蟄伏的戶居生活，迎著春天

自古以來的清明各項活動

的明媚陽光,呼吸著青青綠草的氣息,腳踩著鬆軟的土地,徜徉在姹紫嫣紅、鶯歌燕舞的原野上,那時的心情該是多麼輕快愉悅!

說起踏青遊樂,可以一直上溯到孔子那裡。《論語》記載,孔子有一次與他的弟子們一起討論人生志向,其他弟子慷慨陳述其治國安邦的宏偉藍圖時,孔子並未搭腔。

輪到曾皙說:「暮春時節,穿著剛剛做好的春服,與五六個朋友,六七個小孩,到沂水去沐浴,並隨風起舞,洗完後哼著民間小調,踏上歸途。」

孔子聽後大加讚賞,喟然嘆道:你和我想的一樣!孔子與曾皙的對話表明,遠在春秋時期,人們便有了在暮春時節野浴並踏青的活動。

清明踏青為古代人比較普及的休閒活動形式,其組織方式、內容和形式,也隨著時間的推移,因地因人而異。有人會覺得,清明節吃著寒食祭奠先人,真是好淒涼啊。

其實不然,有詞為證:

問西樓禁煙何處好?綠野晴天道。馬穿楊柳嘶,人倚鞦韆笑,探鶯花總教春醉倒。

清明的另一番風情是多麼令人嚮往的場景!

清明節時無論是大自然中的植被,還是與自然共處的人體,都退去了冬天的汙濁,迎來春天的氣息,實現了由陰到

不斷發揚—相沿成俗

陽的轉變。

所以說清明節的實質是透過緬懷先人來迎接更美好的生活。從這個角度來說，清明節實在是一個快樂和正面的節日。

人們在禁煙踏青中，不僅要舉行鬥草、鞦韆等活動，還要畫新妝、嬉鬧，直至飲酒、狂飲，可見中國古代踏青活動之興盛，甚至一些人熱衷於踏青，淡化了祭掃。

當時，有些人家「置親於荒墟」，清明節拜掃只草草了事，而後便與其兄弟、妻子、親戚、契交放情地遊覽，盡歡而歸。

踏青雖在一年之春，但具體時常有出入。古人關於踏青時節，說法不一。有說是指農曆正月初八、二月初二、三月初三。

後來，由於清明掃墓，正值春光明媚，草木返青，田野一片燦爛芬芳。掃墓者往往掃墓完畢，而後便選擇一處芳草地，坐於樹下，盡興地喝酒娛樂。

至此可見，清明掃墓已經由單純的祭祀活動演變為同時遊春訪勝的踏青。

【旁注】

桓譚（西元前23年～西元50年）：東漢哲學家、經學家、琴家。愛好音律，善鼓琴，博學多通，遍習五經，喜非毀俗儒。哀帝、平帝間，位不過郎。王莽時任掌樂大夫。劉玄即位，詔拜太中大夫。光武帝時，任議郎給事中。

石勒（西元274年～西元333年）：後趙明帝，部落小率石周曷朱之子，也是世界歷史上唯一一個奴隸皇帝。石勒在前趙平陽政變後正式與劉曜決裂，西元319年稱趙王，都襄國。西元329年吞併關中取上邽滅前趙。北征代國，令後趙成為當時北方最強的國家。

魏孝文帝（西元467年～西元499年）：拓跋宏，鮮卑族。是獻文帝拓跋弘的長子，北魏王朝的第六位皇帝。傑出的政治家、改革家。即位時僅5歲，西元490年親政。親政後，進一步推行改革。孝文帝的改革，對各族人民的融合和各族的發展，發揮正面作用。

賈思勰：北魏時期人，曾經做過高陽郡太守，是中國古代傑出的農學家。著有《齊民要術》，全書共92篇，共11萬多字，書中引用前人著作有150多種，記載的農諺有30多條。全書幾乎對所有農業生產活動都做了詳細的論述，在農學方面具有重大意義。

不斷發揚—相沿成俗

觀世音：是四大菩薩之一。祂具有無量的智慧和神通，大慈大悲，普救人間疾苦。在佛教中，他是西方極樂世界教主阿彌陀佛座下的上首菩薩，和大勢至菩薩一起，是阿彌陀佛身邊的脅侍菩薩，並稱「西方三聖」。

諺語：熟語的一種。是流傳於民間比較簡練且言簡意賅的話語。多數反映了人民的生活經驗，且一般都是經過口頭傳下來的。它多是口語形式、通俗易懂的短句或韻語。和諺語相似但又不同的有成語、歇後語、俗語、警語等。

冠禮：是華夏民族嘉禮的一種，是中國古代漢族男性的成年禮。冠禮表示男女青年到了一定年齡，性已經成熟，可以婚嫁，並從此作為氏族的一個成年人，參加各項活動。冠禮起源於原始社會，已有幾千年的歷史，漢族的冠禮在漢字文化圈中最具有代表性。

《論語》：儒家的經典著作之一，由孔子的弟子及其再傳弟子編撰而成。它以語錄體和對話文體為主，記錄了孔子及其弟子言行，集中展現了孔子的政治主張、倫理思想、道德觀念及教育原則等。與《大學》、《中庸》、《孟子》、《詩經》、《尚書》、《禮記》、《易經》、《春秋》並稱為「四書五經」。

曾晳：即曾點。春秋時期魯國人。曾參之父，孔門弟子七十二賢之一。其與顏回之父顏無繇、孟子之父孟孫激等並祀於曲阜孔廟後部的崇聖祠。魯國大夫季武子死，曾點弔唁「倚其門而歌」，被稱為魯之狂士。

【閱讀連結】

由於各地習俗不一,寒食清明節插柳的地點和人身部位也千差萬別。

福建《興化府志》說,門上插柳,也插於頭部。廣西的《南寧府志》記載,柳枝戴在頭上,或繫在衣帶上。

而廣東地區一些縣裡流傳一種說法是,折柳懸於門,並插在兩鬢上等。此外,安徽、江蘇等地,寒食節還盛行以戴薺花、佩麥葉來代替柳枝與柳葉。

不斷發揚—相沿成俗

婁護創立吃五侯鯖的食俗

在漢代有一種最為著名的清明佳餚「五侯鯖」。

五侯鯖是漢代一種雜燴菜，名為「五侯鯖」，典出《西京雜記》卷二，相傳為西漢時期的婁護所創。關於此典，葛洪在《西京雜記》卷二中記載：

五侯不相能。賓客不得來往。婁護豐辯傳食五侯間。各得其歡心。競致奇膳。護乃合以為鯖。世稱五侯鯖。以為奇味焉。

裴啟《裴子語林》也有類似記載：

婁護，字君卿，歷遊五侯之門。每旦，五侯家各遺餉之。君卿口厭滋味，乃試合五侯所餉之鯖而食甚美。世所謂五侯鯖，君卿所致。

五侯是指漢成帝所封的母舅王譚、王根、王立、王商和王逢等五人為侯。鯖是魚類的一科，身體呈梭形而側扁，鱗圓而細小，頭尖口大，後來借指魚和肉的雜燴，再後來用以指佳餚。

婁護是西漢息鄉侯，因為父親行醫，小時候讀了不少醫

| 婁護創立吃五侯鯖的食俗 |

書,後學經、傳,任京兆吏。與谷永同為成帝的舅父王氏五侯的上客。當時長安有說「谷子雲之筆札,婁君卿之唇舌」,是說他特別善辯。後來,婁護舉方正,歷任官諫大夫、天水太守、廣漢太守,封息鄉侯。

婁護是歷史上最有名的「幫閒」,祖上都是醫生,他自幼聰明伶俐,「誦醫經、本草、方術數十萬言」,大家都很喜歡他,勸他「以君卿之材,何不宦學乎?」於是婁護棄醫從文,不久便當上了京兆尹,很受百姓愛戴。

當時的劉驁是個不務正業的皇帝,不僅他本人「湛於酒色」、荒疏政事,而且開外戚亂政之先河,考慮到母親王政君娘家人多,漢成帝在一天之內把自己的五個舅舅同封為侯爵,史稱「一日五侯」。可他的五個舅舅偏偏不合,而婁護卻能夠在對立的人中左右逢源。

這件事由此引出了後來唐代詩人韓翃的那句「日暮漢宮傳蠟燭,輕煙散入五侯家」的詩句,頗值得回味。

皇恩可謂浩蕩,糟糕的是這幾位侯爺都很自負,覺得皇帝外甥厚此薄彼,因而經常發生小摩擦,至於具體鬧到什麼程度無史可查,但有案可稽的是這五位的子嗣後來各自發展為現代王姓的一枝,親兄弟鬧成這樣可見當時打得有多熱鬧。由於「五侯不相能」的緣故,他們還禁止各自門下的食客互相接觸,弄得朝野間輿論紛紛。

不斷發揚—相沿成俗

　　婁護自幼跟隨父親出入宦門,和很多權臣都是老相識,而且他醫術高明又工於辭令,很得五侯器重。總之,婁護和當時的另一個名流谷永都是很受上流社會寵幸的「達人」,並稱為「谷子雲筆札,婁君卿唇舌」,簡單地說就是「谷永的筆,婁護的嘴」,有點「人中呂布、馬中赤兔」的味道。

　　據說婁護很會說話,歷遊五侯之門,五侯都很喜歡他,紛紛送給他新奇的食品。每天早晨,王氏五侯都派人送來山珍海味讓他享用。時間長了,大魚大肉吃膩了,婁護乾脆把這些珍饈佳餚倒到鍋裡一勺燴,「試合五侯所餉之鯖而食,甚美」。

　　後來人們就把這種雜燴叫做「五侯鯖」。婁護當是雜燴菜無可爭議的發明者了。後來有許多文人墨客盛讚這道菜。

　　唐代農學家、文學家陸龜蒙的〈江南秋懷寄華陽山人〉詩中道:

諭蜀專操檄,通甌獨請纓。
匹夫能曲踊,萬騎可橫行。
許國輕妻子,防邊重戰耕。
俄分上尊酒,驟厭五侯鯖。
靜默供三語,從容等一枰。

婁護創立吃五侯鯖的食俗

唐代詩人韓翃在〈送劉長上歸城南別業〉說道：

數刻是歸程，花間落照明。

春衣香不散，駿馬汗猶輕。

南渡春流淺，西風片雨晴。

朝還會相就，飯爾五侯鯖。

婁護並非只是靠著伶牙俐齒騙吃騙喝，他對王氏家族的確非常忠心。當時的安漢公王莽篡位的野心逐漸暴露，倒行逆施令人髮指，王莽的長子王宇和自己的大舅子呂寬暗中派人在王莽家的大門上潑了一盆狗血，希望能夠警醒他安守本分還政於君，哪知這個野心家喪心病狂，二話不說就殺了自己的親兒子。

後來，呂寬出逃，因為父親和婁護是好朋友的緣故便投靠他，但沒有把自己的事情告訴婁護。過了幾天通緝令到達，婁護想都沒想就把呂寬抓了起來，根本沒顧及老交情。王莽很高興，把他從廣漢太守的地方任上一下子升到息鄉侯，位列九卿。

忠誠歸忠誠，在王氏炙手可熱的權勢面前婁護倒是沒丟掉氣節，相反王家人都很敬重他。在他離職期間，有一次成都侯王商下朝路上突發奇想，想順路找這個老朋友聊聊天，他的祕書勸他說婁護家簡陋不堪，侯爺萬金之軀「不宜入閭巷」，王商根本沒理，命人把車直接開到了婁護家的小衚衕裡。

不斷發揚—相沿成俗

屋裡地方小，人多站不下，偏偏又遇上天降大雨，王商的隨從全被淋成了落湯雞，那個隨從發牢騷說「不肯強諫，反雨立閭巷！」。王商回家後有人把隨從的話打小報告，王商聽說有人鄙視婁護，大發雷霆，把隨從終身廢錮。

還有一次王商的兒子王邑請客，這時王莽已經篡位，王邑身居要職，所有的親朋好友都有些許敬畏，唯獨婁護「自安如舊節」，相反王邑謙恭有禮，「父事之，不敢有闕」。席上王邑坐在婁護下座，不住敬酒，自稱「賤子上壽」，所有的賓客見狀全都跟著俯伏行禮，婁護仍然正襟危坐，洋洋得意地說「公子貴如何！」意思是王邑這樣尊貴的地位都待我如父啊。

因為結交貴戚，婁護的官運一帆風順，平阿侯王譚舉薦他為方正，不久升為諫大夫，後來更升到天水太守。只不過婁護並不像當時腐敗官場上的貪官汙吏那麼喜歡錢，也不在乎得失。還有一次他在上任途中路經故里，祭奠先人，「因會宗族故人，各以親疏與束帛，一日散百金之費」。

其實，婁護並非是個趨炎附勢的宵小之徒，他很有愛心，老朋友呂公來投靠他，婁護「身與呂公、妻與呂嫗同食」。到了呂公辭官賦閒、生活拮据時，婁夫人「頗厭呂公」，他「流涕責其妻子曰：『呂公以故舊窮老，託身於我，義所當奉。』遂養呂公終身」，這是他作為醫生、愛惜生命

> 婁護創立吃五侯鯖的食俗

之善良天性的表現。另外他「結士大夫,無所不傾,其交長者,尤見親而敬,眾以是服」。

由此可見,婁護的名聲很好,所以他母親去世時,包括五侯在內,「送葬者致車二三千兩」,閭里歌之曰:「五侯治喪樓君卿」,意思是說這簡直是五侯在辦喪事。

「五侯鯖」古雅的名稱不易流傳,所以後世仍以「雜燴」謂之。

「鯖」就是將魚河肉以及山珍海味烹製的「雜燴」。世代沿襲,是中國大雜燴菜的始祖,後來流行全國的「燴全家福」、「燴三鮮」和福建名菜「佛跳牆」等,都是由「五侯鯖」演變發展而來的。

又據傳,在明朝永樂年間,有一年的元宵佳節,舉國上下,大鬧元宵,家家張燈,戶戶結綵,尤在京城更是燈火輝煌,鞭炮煙火,鳴金達旦,熱鬧異常。

這天,皇上興起,傳諭出宮,皇后、太子及大臣等人隨駕上街觀燈,與民同樂。直到深夜回宮,帝、后及太子等人均感腹中飢餓,便令太監速即傳膳。

因原來所備御膳早已冰冷,御廚措手不及,只得將各種美味冷葷一起放入鍋內,經燴製成熱氣騰騰的菜餚裝盆進獻,由於複合多味,醇香滋美,明帝特別高興,即傳問:「此膳何名?」

不斷發揚─相沿成俗

御廚見皇帝全家合餐,便急中生智回答曰:「此乃『全家福』。」明帝大悅,欣然御定此名,流傳至今。「全家福」,即「什錦大雜燴」。

從此「全家福」這一名菜成為清明祭祖和宴客必不可少的佳餚。

【旁注】

葛洪(西元284年～西元364年或西元343年):東晉道教學者、著名煉丹家、醫藥學家。三國方士葛玄之姪孫,世稱小仙翁。他曾受封為關內侯,後隱居羅浮山煉丹。著有《神仙傳》、《抱朴子》、《肘後備急方》、《西京雜記》等。

谷永:西漢長安人。通曉儒家經典。為光祿大夫,屢次應詔對策,勇於直言進諫。歷任郡太守,升任大司農。《漢書》有傳。博學經書,工筆札。西元前36年左右為太常丞,屢上疏言事。成帝時,五侯兄弟爭名,谷永與婁護俱為五候上客。累遷光祿大夫。

劉驁(西元前51年～西元前7年):即漢成帝,西漢的第十二位皇帝,西元前33年至西元前7年在位,共26年,終年46歲。死後諡號孝成皇帝,葬於延陵,廟號統宗。劉驁在位期間,生活荒淫,怠於政事,將朝政全委託給外家諸位舅舅,大權逐漸為王氏外戚掌握。

婁護創立吃五侯鯖的食俗

王莽（西元前45年～西元23年）：新朝的建立者，即新始祖。王莽為西漢外戚王氏家族的重要成員，其人謙恭儉讓，禮賢下士，在朝野素有威名。西元8年，王莽代漢建新，建元「始建國」，宣布推行新政，史稱「王莽改制」。王莽在位共15年，新朝也成為中國歷史上最短命的朝代之一。

佛跳牆：福州傳統名菜，原名「福壽全」，用紹興酒罈裝雞、鴨、羊肉、豬肚、鴿蛋及海產品等10多種原、輔料，煨製而成。有一次，一批文人墨客來嘗此菜，當福壽全上席啟壇時，葷香四溢，其中一秀才心醉神迷，觸發詩興，當即漫聲吟道：「壇啟葷香飄四鄰，佛聞棄禪跳牆來」。從此，稱此菜為「佛跳牆」。

【閱讀連結】

又據傳，在明朝永樂年間，有一年的元宵佳節，舉國上下，大鬧元宵，家家張燈，戶戶結綵，尤在京城更是燈火輝煌，鞭炮煙火，鳴金達旦，熱鬧異常。

這天，皇上興起，傳諭出宮，皇后、太子及大臣等人隨駕上街觀燈，與民同樂。直到深夜回宮，帝、后及太子等人均感腹中飢餓，便令太監速即傳膳。

因原來所備御膳早已冰冷，御廚措手不及，只得將各種美味冷葷一起放入鍋內，經燴製成熱氣騰騰的菜餚裝盆進

不斷發揚─相沿成俗

獻,由於複合多味,醇香滋美,明帝特別高興,即傳問:「此膳何名?」

御廚見皇帝全家合餐,便急中生智回答曰:「此乃『全家福』。」明帝大悅,欣然御定此名,流傳至今。「全家福」,即「什錦大雜燴」。

踏青時節巧借東風放紙鳶

放風箏和盪鞦韆，是中國人民在清明節時最喜愛的活動之一，具有幾千年的歷史了。

風箏也稱「風琴」、「紙鷂」、「鷂子」、「紙鳶」等，閩南語稱「風吹」。

風箏是一種比空氣重，能夠藉助風力在空中漂浮的製品。風箏起源於中國，據說古代將軍曾利用風箏進行測量風速；有人背著風箏從高處跳下保住了性命；更有人曾利用風箏傳信求救兵，取得了成功。

據民間傳說，第一個風箏是由古代著名工匠魯班用竹子做的。絲綢出現後，又出現了綢製的風箏。自從紙發明以後，才有了紙質風箏，名為「紙鳶」。於是，便有了後人「兒童散學歸來早，忙趁東風放紙鳶。」的佳句。

在古代，風箏作為一種兒童玩具日漸風行，有人在紙鳶上加以竹笛，紙鳶飛上天以後被風一吹，發出「嗚嗚」的聲響，好像箏的彈奏聲，於是人們把『紙鳶』改稱『風箏』。也有人說「風箏」這名字起源於五代，從李鄴用紙糊風箏，並在它上面裝有竹笛開始。

不斷發揚—相沿成俗

古人相信，若某人生病可將其病況寫在或畫在紮製的風箏上，用線繫著風箏在空中放飛，讓它飛到高空，隨風飄逝，然後就把風箏的拉線剪斷，疾病災難便會隨著風箏一起飛走。

所以，別人放走的風箏，是不能撿拾的，否則就會沾上晦氣。這種習俗，在中國民間又叫「放斷鷂」。後來，風箏也逐漸發展成廣為流行的郊遊娛樂活動。

每逢清明節，人們不僅在白天放風箏，夜間也要放風箏。夜裡，在風箏下或在風箏的拉線上掛上一串串彩色的小燈籠，風箏飛在空中就像閃爍的明星，被稱為「神燈」。

古時的放風箏目的是為了放掉身上的「晦氣」。從元宵節後放風箏活動一直持續到清明節，所以古時也把清明節稱為「風箏節」。

放風箏成為中國漢族及部分少數民族傳統的娛樂風俗。中國傳統的風箏品種繁多，一般分為硬翅、軟翅、板子、串子、立體筒形等幾類，其題材也比較廣泛，形式多樣。

在中國民間，人們還創造了風箏上的附加物，如能發出聲音的「鶴琴」、「鑼鼓」，有燈光裝置的「燈籠」，有散落攜帶物的「送飯的」等，各具特色。

在清明節，各地還有盪鞦韆的習俗。中國民間盪鞦韆的歷史非常悠久，鞦韆的起源，可追溯到上古時代。

那時，祖先為了謀生，不得不上樹採摘野果或獵取野獸。在攀緣和奔跑中，他們往往抓住粗壯的蔓生植物，依靠籐條的搖盪擺動，上樹或跨越溝澗，這就是鞦韆最原始的雛形。

鞦韆最早稱之為「千秋」，傳說為春秋時代北方的山戎民族所創。開始僅是一根繩子，雙手抓繩而盪。後來，齊桓公北征山戎族，把「千秋」帶入中原。從此後，盪鞦韆便成為寒食清明節等節日的民間遊戲。

那麼「千秋」又何以改為「鞦韆」這一稱呼呢？據說古時，宮中以「千秋」為祝壽之詞，取「千秋萬壽」之意，人們為了避諱，便將「千秋」兩字倒轉為「鞦韆」。鞦韆這一稱謂從此就被沿用下來。

最初，盪鞦韆只限於女子和小孩的遊戲，後來，盪鞦韆逐漸成為男女皆宜的遊戲。古人盪鞦韆最初只是在清明、寒食節前後才有所見，而且僅僅局限於豪門貴族家的兒女遊戲之用，直到南北朝時期，盪鞦韆才流行並盛行於大江南北，盪鞦韆發展為清明節習俗的重要活動。所以，古代清明節也稱「鞦韆節」。

古時的鞦韆多用樹枝為架，再拴上綵帶做成。後來逐步發展為用兩根繩索加上踏板的鞦韆。民俗相傳，盪鞦韆可以驅除百病，而且盪得越高，象徵生活過得越美好。在漢字

不斷發揚—相沿成俗

中,「鞦韆」兩字的古字均有「革」字旁,千字還帶走字,意思是揪著皮繩而遷移。

隨著發展,人們對傳統鞦韆活動更是花樣翻新。盪鞦韆的形式也由原來的單架式發展為「車鏈式」、「八掛式」等多種。

車鏈鞦韆的製作是先豎一根木椿,將下端固定。再在上端設軸裝一大車輪,輪上縛置4條木棍,各伸出一截於輪外,懸吊四掛鞦韆。而後在先豎的木椿下部橫裝推桿,推動推桿,鞦韆便旋盪起來。

八掛鞦韆是一種裝飾華麗的亭式鞦韆,因懸掛八架鞦韆而得名。其主體骨架是一根可以轉動的木柱,稱「老桿」。老桿下端是轉軸。

推桿與老桿綁結為一體,推動推桿使老桿轉動。同時,以老桿為中心搭設圓形木臺,中間設置樞紐,頂端搭成八角亭式的傘形,裝飾有各色綵綢與玻璃鏡等。

8個簷角高高挑起,每角懸掛一架鞦韆。人力推動推桿,八掛鞦韆便同時飄盪起來。綿山有「鞦韆嶺」,也是歷代盪鞦韆的場所。

盪鞦韆可以使人心曠神怡,鍛鍊身體和意志。無疑,這是一種有益的民間體育遊藝活動。一些地方的群眾認為,盪鞦韆能祛除疾病。這也許就是盪鞦韆能世代相傳、經久不衰的原因。

盪鞦韆可分單人盪、雙人盪、立盪、坐盪等。每個村鎮都有自己的鞦韆高手，有時還要舉行表演比賽。盪得最高最美的人很受鄉鄰的讚揚。盪鞦韆的這些日子裡，也常常是青年男女相遇、接觸的好機會。

除了普通鞦韆外，還有兩種特殊的鞦韆，「胡悠」和「過梁悠」。

「胡悠」也叫木驢。其做法是：主桿上端有個鐵軸，軸頭頂在橫梁的正中間。橫梁兩頭各吊一個小鐵千。人或站或坐在兩頭的鞦韆上，邊悠盪邊轉圈。

「過梁悠」是一種比較複雜的鞦韆。在牢固的木架上架一個方形大木輪，輪子四角各吊一副小鞦韆，4個人坐在踏板上，由其他人搖動搖盤，使大木輪轉起來。鞦韆上的人隨著大木輪子的轉動，或高或低，自在悠盪，煞是愜意。

【旁注】

魯班（約西元前507年～西元前444年）：姓公輸，名般，魯國人。故人們常稱他為魯班。他生活在春秋末期到戰國初期，是中國古代一位出色的發明家。中國的土木工匠們都尊稱他為祖師。

五代十國：唐朝滅亡之後，在中原地區相繼出現了定都於開封和洛陽的後梁、後唐、後晉、後漢和後周5個朝代以

及割據於西蜀、江南、嶺南和河東等地的十幾個政權，合稱五代十國。五代為中央王朝，十國為割據政權，五代並不是一個指朝代，而是指介於唐宋之間的一個特殊的歷史時期。

山戎：春秋時期北方的一支較強大的少數民族。是匈奴的一支。活動地區在今河北省北部，後來成為北方少數民族的泛稱。據史書記載，山戎部族以射獵禽獸為生，隨畜牧而轉移。西元前664年齊桓公興兵救燕伐山戎，滅掉令支、孤竹山戎部旅，約戰國晚期，山戎逐漸銷聲匿跡。

齊桓公：姜姓，名小白，春秋時齊國國君。西元前685年至西元前643年在位，期間選賢任能，改革齊政，使國富兵強，「九合諸侯，一匡天下」，成為春秋時期的第一個霸主。齊桓公一生顯赫，是一位有治國才幹和雄圖大略的統治者，對和各民族的融合發展發揮正面作用。

【閱讀連結】

中國民間還有一種特殊的鞦韆「板不煞」。板不煞就是「摔不死」。

搭法是在鞦韆架的橫梁上穿一個轆轤頭，上面繞一條粗繩兩頭垂下，其中一個繩頭上固定一根腳踏棍。開始玩時，兩隻腳踏在踏腳棍上。兩腿夾繩，兩手緊拽另一個繩頭，使繩子這頭往下轉，那頭帶著人往上升。

踏青時節巧借東風放紙鳶

在鞦韆橫梁上頭的半圓形荊條吊著花生、糖果、香菸、酒等賞品。誰能升到上頭，牢穩地固定在轆轤頭上，再伸手向上去摸賞品，誰就是最棒。摸到哪一種獎品，就送給這個人。

一般人往往上不去就摔下來，或者上去了沒抓緊轆轤頭，又滑溜下來或摔下來，故名「板不煞」。由於鞦韆架下墊著鬆軟的沙土或柴草，不會出危險，又稱「摔不死」。

不斷發揚—相沿成俗

隆重的清明節宮廷饋宴

古代寒食清明節,是上至朝臣、下至百姓普遍看重的傳統節日。節日期間有著豐富的活動內容。

然而,朝臣們所企盼的活動與百姓相比顯然有著天壤之別。就是說,百姓們寒食節期間的活動內容無非是禁火、掃墓、插柳、踏青及從事一些事關節令的農事雜務。而皇家朝臣們則要在這一天追求諸如品茶、集宴、蹴鞠、泛舟、鬥雞、拔河、春賽一類上等次的活動。

在南北朝時期,帝王要在寒食節這一天饋宴群臣。據史料記載:西元492年2月,因太華殿被毀,太極殿始建,這一年的寒食饗宴只得作罷。

另據《時鏡新書》記載,北齊的尚書右僕射監修國史官魏收,在寒食節餽贈給王元景粥食。

王元景回書說道:

始知令節,須御麥粥。加之以糖,彌覺香冷。

此後,寒食清明節饋宴群臣就已成為慣例,集宴的名目也趨於繁多。據史料記載,寒食節時,皇帝大宴群臣時,御

賜的物品各有不同。

在饋宴之時，皇上還要帶領群臣觀看雜技表演，娛樂。隨著時代的發展，王室對宰臣寒食節日的賞賜更加可觀了。

古代有法制規定，僕射、御史大夫、中丞、節度留後、觀察、內客省使權知、開封府王等，來到寒食賫籤賜羊酒和米麵。立春時賜以春盤，寒食節賜以神餤和餳粥等。

又規定，在冬至、二社、重陽、寒食、樞密近臣，禁軍大校，或賜宴其第。

古代帝王饋宴的禮儀程序很複雜。膳宰要在路寢的東邊準備群臣的飲食。樂人為宴飲掛上新的鐘磬。在東階的東南方對著東邊屋簷滴水處放置洗和筐。

罍和水在東邊。筐在洗的西邊，靠南陳設。盛飯食的筐在它的北邊，朝西。司宮在東楹柱的西邊置兩個方壺。兩個方壺的左邊放玄酒。

國君專用的酒器兩個，遮蓋的巾用粗葛布和細麻布，在方壺的南邊，以南邊為上位。在寢門的西側為已入官而未受正祿之士設兩個圓壺。司宮在戶西為賓設席，以東邊為上位，沒有增加的席。

屆時，主持宴禮的人報告國君：「準備完畢。」

小臣在東階上為國君設席，席頭朝西，設置加席。國君登堂在席位上就座，面向西。

> 不斷發揚─相沿成俗

　　接著，小臣再引卿大夫，卿大夫皆從門的右邊進入，面朝北，以東為上位。士站立在西邊，面朝東，以北邊為上位。祝史站立在門的東邊，面朝北，以東邊為上位。小臣之長一人在東堂下，面朝南。已入官而未受正祿之士站立在門的西邊，以東邊為上位。

　　國君下堂站立在東階的東南，面朝南，向卿揖禮，卿進前面朝西以北為上位；向大夫揖禮，大夫皆稍前進。射人再向國君請命主賓。

　　國君說：「命某大夫為主賓。」

　　射人把國君的命令轉告主賓。主賓稍前進，推辭「自己不敏」。射人又把主賓的言辭報告給國君。國君再次命令，往復兩次主賓再拜稽首，答應。

　　射人再次向國君報告。主賓走出站立於門外，面朝東。國君向卿大夫拱手行禮，然後登堂就席。小臣自東階下，面朝北，請拿瓦大蓋巾和進獻食物的人。命令拿巾的人，從西階登堂，站立在方壺南邊，面朝北，以東邊為上位。

　　然後，膳宰向諸公卿進獻美味的食物。射人引主賓進。主賓進入，到堂前，國君走下一級臺階，向主賓拱手行禮，國君登堂就席。主賓從西階登堂，宰夫代國君主持宴飲者也從西階登堂。主賓在右面，面朝北，宰夫為主賓到來行再拜禮。主賓再拜答禮。

066

隆重的清明節宮廷饋宴

待洗手完畢，宰夫在筵席前進獻主賓。主賓在西階上拜謝，在筵席前接受酒爵，回到原位。宰夫在主賓右邊為送上酒爵行拜禮。

膳宰進獻乾肉、肉醬，主賓登上筵席。膳宰擺上盛牲體骨的俎。主賓坐下，左手拿酒爵，右手祭乾肉、肉醬，把酒爵放在祭物的右邊，宴飲才算正式開始。

寒食清明節是重大的節日，一些朝代為了使這一天的皇帝饋宴興致不受干擾，還特定了許多特別的律令。其中，就有規定各諸陵守官，寒食清明節期間不得強拉百姓辦雜差等。

有的律令規定：京師隸將作，女子隸和少府縫作，均給假一天；八臘、和寒食均給假兩天；禁大寒食以雞卵相饋送等。

據《冊府元龜》載，五代後晉出帝下詔：四京諸道、州府，處決罪犯，遇大祭祀，正冬、寒食、立春、夏雨未晴，以上並不得行極刑。如有已斷案，可取次日及雨雪後施行。

由此看來，清明寒食已成為當時法定的節日，人們在這一天歡飲娛樂及所進行的活動，已明顯帶有政令的色彩。

【旁注】

尚書右僕射：尚書僕射為尚書令之副職。尚書後來稱為省，尚書令闕，僕射便是尚書臺的長官。成帝時期，罷宦官

不斷發揚—相沿成俗

專用士人，置尚書五人，以一人為僕射，掌授廩、假、錢、穀。僕射初置一人，至西元199年置左右僕射，左僕射又有糾彈百官之權，權力大於右僕射。魏晉以後，僕射已處於副相地位，號稱端副。

卿大夫：西周、春秋時國王及諸侯所分封的臣屬。規定要服從君命，擔任重要官職，輔助國君進行統治，並對國君有納貢賦與服役的義務。但在其分封管轄區域內，為一轄之主，世代掌握所屬都邑的軍政大權。通常，卿的地位較大夫為高，卿的田邑較大夫為多，並掌握國政和統兵之權。

射人：古代官名。《周禮》中記載，夏官司馬所屬有射人，以下有府、史、胥、徒等人員。掌管公、孤、卿、大夫朝見王的位置，在旁贊相禮依然在射禮儀時，輔導周王發射，並助大司馬演習射儀。其職多有關禮儀，而以射儀為主，故為夏官司馬之屬。

膳宰：古代官名。掌宰割牲畜以及膳食之事。《儀禮·燕禮》中有「膳宰具官饌於寢東」的記載。天子稱膳宰為膳夫，掌管君王的飲食膳羞、主賓禮儀等事宜。

【閱讀連結】

後來，帝王在寒食清明節饋宴中減少了蹴鞠、拔河等競技類活動，增加了觀花、賦詩等高雅內容。

| 隆重的清明節宮廷饋宴 |

　　每當宴飲完畢，直至酒酣之際，百官各賦奉詔賞花詩，帝也稱詩分賜之。或賜五言詩，或賜七言詩，有時還特賜群官入觀皇上御書。

不斷發揚─相沿成俗

保健功效的寒食節美食

中國南北各地清明節都有吃饊子的食俗。「饊子」古時叫寒具，是一種用糯粉和麵扭成環的油炸麵食品，味道香脆精美，口感極佳。

北魏著名農學家賈思勰在《齊民要術》中就詳細記載了三國兩晉南北朝時期寒具的製作方法。

「饊子」歷代又有「粔籹」、「細環餅」、「捻頭」等名稱。是用水和麵，搓成細條，扭結為環釧形狀，油炸而成。因其酥脆香甜，逐漸成為中國人民的日常點心。在安徽地區，每逢節日，則以「饊子」祭祖並互相餽贈。回族、東鄉族也做饊子，配料、方法和漢族不盡相同。饊子，用麵粉製成，細如麵條，呈環形柵狀。

後來，流行於漢族地區的饊子有南北方的差異：北方饊子大方灑脫，以麥麵為主料；南方饊子精巧細緻，多以米麵為主料。

在少數民族地區，饊子的品種繁多，風味各異，尤以維吾爾族、東鄉族和納西族以及寧夏回族的饊子最為有名。

保健功效的寒食節美食

對於寒具,通常的解釋是,古人過寒食,一天早晚不動煙火,只能吃冷食,而吃冷食對人的腸胃又沒好處,遠不如油炸食品耐保存,且不傷腸胃,於是人們便提前炸好一些環狀麵食,作為寒食期間的速食。

既是寒食節所具,就被叫做「寒具」了。這類解釋未必可靠,但是暫時還沒有更可靠的解釋。賈思勰在《齊民要術》裡講到寒具,說明寒具在兩晉就已是一種流行食品。

中國民間比較著名的饊子包括:衡水饊子、濟寧饊子、徐州饊子、淮安茶饊、回鄉饊子、麻衣饊子等。

衡水的油炸饊子以其香脆、鹹淡適中、饊條纖細、入口即碎的特點,贏得人們的喜愛。董仲舒在衡水任職期間就非常喜食這種饊子。

衡水民間常用饊子泡湯,配以延胡索、苦楝子治療小兒小便不通;用地榆、羊血炙熱後配饊子湯送下,治療紅痢不止。尤其是產後婦女,在月子裡喝紅糖茶泡饊子,以利於散腹中之瘀。不過衡水最喜愛的食法是直接吃饊子,有時配以稀粥,吃起來愜意舒坦。

濟寧饊子中要屬王家饊子最為出名。創始人王憲章老先生根據饊子的傳統工藝,透過多年的探究,研製出具有獨自特色的細條饊子香酥可口,色味俱佳,很快受到了消費者青睞。

不斷發揚—相沿成俗

　　王老先生之子王立平繼承王家饊子傳統工藝，改良生產技術，擴大銷售規模，繼續弘揚濟寧飲食文化，使王家饊子在濟寧已經成為家喻戶曉的地方名產。

　　徐州人愛吃的主要是蝴蝶饊子、烙饃捲饊子。徐州的蝴蝶饊子以其香脆、鹹淡適中、饊條纖細、入口即碎的特點，深受人們的喜愛。徐州的蝴蝶饊子外形美觀，口感頗佳。

　　淮安茶饊是江蘇省知名傳統點心，可謂是歷史悠久，馳名中外，是中華有名小吃之一。其色澤嫩黃，造型秀麗，鬆酥香脆、獨具風味。

　　茶饊是用紅糖、蜂蜜、花椒、紅蔥皮等原料熬成的水和適量的雞蛋、清油和麵，然後反覆揉壓，搓成粗條，捻成麵糰，搓成或押成由粗細勻稱、盤連有序的圓條構成環狀物並放入油鍋炸至棕黃色即可。

　　在西北地區的人們都有吃饊子的習慣，叫回鄉饊子。一般情況下，這裡漢族選在臘月底製作回鄉饊子，過年時招待客人，在正餐前食用。

　　而回族、撒拉族等一些少數民族，在每年歡度傳統的「古爾邦節」、「爾德節」、「聖紀節」，以及婚喪大事中，都把饊子作為待客的主要麵食。

　　麻衣饊子色澤黃亮，香脆味甘。過春節時，有的漢族也會請鄰里的少數民族巧手幫忙做油饊子，用以招待兄弟民族

保健功效的寒食節美食

客人,可見油饊子亦成為各族共同喜愛的名點美食了。

饊子也是信仰伊斯蘭教少數民族的風味名點之一,由於地區不同,也別稱「膏環」,「捻頭」等。在古爾邦節和肉孜節,家家戶戶的餐桌上,都有一盤黃澄澄、多層的圓柱形油饊子。

用麵粉加少許鹽和好,捻成細條,油煎而食,有盤饊和酥饊之分;以股細、條勻、焦酥、香脆為佳品。

在寧夏各地,每逢節日喜慶,回族婦女便各顯身手,做出圖形各異的多種饊子,點綴節日氣氛。

當客人到來的時候,賓主互致節日問候。客人入座後,笑容可掬的主人首先掰下一束油饊子遞到客人面前,然後斟上香噴噴的奶茶或茯茶,殷勤地為客人泡上主人喜歡食用的新疆石河子產的方糖。客人吃著油饊子喝著茶,主人高興地連聲說:「謝謝」,感謝客人的光臨。

饊子最常見的吃法,是用烙饃捲之。烙饃既不同於北方的單餅,也不同於很多地方都有的煎餅。烙饃作為一種徐州特有的麵食,已有 2,000 多年的歷史了。

相傳楚漢相爭時,劉邦率兵與項羽作戰,因劉邦的軍隊紀律嚴明而深受徐州老百姓的擁戴。為了能讓劉邦的軍隊在行軍途中吃上一頓飽飯,徐州的老百姓急中生智,發明了這種既簡便快速又實惠的麵食,這便是流傳至今的著名小

不斷發揚—相沿成俗

吃 —— 饊子。

舊時除了寒食節吃饊子，主要食品便是粥。粥也稱糜，是一種把稻米、小米或玉米等糧食煮成的稠糊的食物。較常見的粥有楊花粥、梅花粥、杏酪、冬凌粥、桃花粥、乾粥、大麥粥等。

依照元代醫家學羅天益在《寶鑑》一書中記載：粳米、粟米做成的粥，氣味淡薄，陽中帶陰，所以清淡舒暢，能利小便。

有一人病危，但從不吃藥。醫生叫他吃粟粥，杜絕其他食物，10天過後病情好轉，一個月過後痊癒。

這就是五穀都能治病的原理。吃粥既節省時間，味道又好，喝完粥後睡一覺，妙不可言，人們都稱粥有很大的益處。

東晉陸翽在《鄴中記》記載并州之俗，說道：

冬至後一百五日為介之推斷火，冷食三日作乾粥，中國以為寒食。

南北朝梁朝宗懍撰寫的《荊楚歲時記》，記錄古代楚地歲時節令風物故事的筆記體文集中也記載：

孫楚祭介之推云：「餳一盤，醴酪二盂。今寒食有杏酪、麥粥，即其類也。」

保健功效的寒食節美食

按南北朝時期農業科學家賈思勰的《齊民要術》中講,煮醴酪即為麥粥。

另據唐玄宗時期學者丘悅編寫的編年體史書《三國典略》記載,鄴城人李岳為門客說服,用本錢廣收大麥,用車運往晉陽,以求寒食節在晉陽一帶賣高價。

由於路途耽誤,結果車到晉陽已是清明節令,無奈又載回鄴城。按曹操〈明罰令〉,晉陽一帶士民冬至後很長時間皆絕火寒食,李岳的運大麥車清明節方到,自然耽誤了時機。這則故事還說明,晉陽人寒食節有用大麥煮麥粥、食麥粥的習俗。

明代陳繼儒的《珍珠船》也記載在南朝時:

梁武帝寒食賜麥粥。

寒食粥品類繁多,較常食用的有桃花粥、冬凌粥、楊花粥、梅花粥、杏酪、乾粥、大麥粥等。

寒食節時,洛陽人家亦有食桃花粥和梅花粥的習俗。其實,桃花不僅可以煮粥食,還能治癒疾病。

按照史料記載中所提到的方法是:

冬至後一百五日寒食節,收桃花為末,食後,以水半盞調服,方寸匙日三,甚良。可治頭上肥瘡和黃水面瘡。

桃花粥的具體作法是,收取落花瓣,洗淨後用水煮粥,候粥熟,再將花瓣下鍋,一滾即起食。

不斷發揚—相沿成俗

此外，還有一種冬凌粥，其為寒食節的上等食品，普通人家很難享用。舊時有商家，每逢節日專賣這一名食，寒食節專賣食品，必少不了冬凌粥。當時，朝有掌飲膳酒禮的食官，律法規定：凡是元旦、寒食和冬至，都要專門供送食品給六品以上的朝官。

這在《荊楚歲時記》中也有記載：

孫楚祭介之推云：「餳一盤，醴酪二盂。今寒食有杏酪、麥粥，即其類也。

按賈思勰在《齊民要術》中所講的煮醴酪即為「麥粥」。

古人都極力稱讚粥的養生保健功效，在長壽之鄉，許多老人就是透過堅持早晚喝粥，治好了胃痛、失眠和便祕的毛病。

不過，喝粥最大的好處還是養胃，因為它不但不會消耗胃氣，而且能補益胃氣。胃是人的後天之本，保養好胃，就等於是在長壽這條路上成功了一半。

粥作為食品，很適合腸胃不適的人食用。粥能增強食慾，緩解體力生病時的食慾不振。與清粥搭配一些色澤鮮豔又開胃的食物，例如梅乾、甜薑、小菜等，既能促進食慾，又為虛弱的病人補充體力。此外，人們在寒食節期間不僅要吃涼粥，還要吃煮雞蛋、鹽醋拌生菜等。

古人吃煮雞蛋也頗有講究，一些好事者別出心裁，在雞

蛋上雕刻各種花紋圖案,並染上色彩,這種彩蛋極富藝術性和觀賞性,當時稱之為「鏤雞子」。這種作法漸成習俗,以致有人拿出彩蛋炫耀,並相互比試。

【旁注】

《齊民要術》:北魏時期的傑出農學家賈思勰所著的一部綜合性農書,也是世界農學史上最早的專著之一,是中國現存最完整的農書。書名中的「齊民」,指平民百姓。「要術」指謀生方法。《齊民要術》有系統地總結了農牧業生產、加工與保存、利用等,對中國古代農學的發展產生重大影響。

伊斯蘭教:世界性的宗教之一,與佛教、基督教並稱為世界三大宗教。伊斯蘭是 7 世紀由麥加人穆罕默德在阿拉伯半島上首先興起。伊斯蘭教在西元 651 年從阿拉伯傳入中國的泉州、廣州等地。

劉邦(西元前 256 年~西元前 195 年):即漢高祖,歷任沛縣泗水亭長、沛公、漢王,後成為漢朝開國皇帝,是漢民族和漢文化偉大的開拓者。中國歷史上傑出的政治家、策略家。對漢族的發展,以及漢文化的發揚有突出的貢獻。

項羽(西元前 232 年~西元前 202 年):中國古代軍事思想「勇戰派」代表人物,與「謀戰派」孫武、韓信等人齊名。項羽是楚國名將項燕之孫。秦亡後稱西楚霸王,實行分封

制，封滅秦功臣及六國貴族為王。後與劉邦爭奪天下，進行了四年的楚漢戰爭，西元前202年兵敗，在垓下烏江邊自刎。

羅天益（西元1220年～西元1290年）：元代醫家學。他將醫學知識分經論證而以方類之，歷時3年，三易其稿而著成《內經類編》。西元1266年，以所錄東垣效方類編為《東垣試效方》9卷。又撰集《衛生寶鑑》24卷，又著《藥象圖》、《經驗方》、《醫經辨惑》等書。

《鄴中記》：又名《石虎鄴中記》，西晉末期東晉初期陸翽著。陸翽曾是東晉國子助教。該書是記載割據王朝的國都鄴城的專門史籍。原書已佚，僅存輯本，如，四庫全書本、清內府聚珍本。一直以來，其佚文散見於各書，較早見於北魏《水經注》。

南朝：東晉之後建立於南方的4個朝代的總稱。自西元420年東晉王朝滅亡之後，在南方先後出現了宋、齊、梁、陳4個朝代，而它們存在的時間都相對較短。其中最長的不過59年，最短的僅有23年，是中國歷史上朝代更迭較快的一段時間。

孫楚（約西元218年～西元293年），西晉詩人。史稱其「才藻卓絕，爽邁不群」，多所陵傲，故缺鄉曲之譽。魏末，孫楚已40多歲，才入仕為鎮東將軍石苞的參軍，後為晉扶風王司馬駿征西參軍，晉惠帝初為馮翊太守。劉義慶的《世說新語》載其軼事。

【閱讀連結】

關於寒具還有個典故。

說是東晉時有個大將叫桓玄，此人附庸風雅，收藏了大量名貴書畫，又愛顯擺，每有朋友登門，就拿出來讓人一起觀賞。

一日，桓玄廣邀賓客，大擺宴席，酒足飯飽之後，又取出一幅珍品請人品評。

那天的飯食當中有寒具，桓玄的客人吃寒具就像我們今天吃麻花那樣，用手抓著往嘴裡塞，一頓飯下來，手上都沾滿了油，當大家在桓玄那幅畫作上指指點點之時，油印子就轉移到了畫上，好好一幅畫就這樣被油糟蹋了。

桓玄心疼得要命，從此吸取教訓，再請人吃飯一律不上寒具了。

不斷發揚—相沿成俗

各地不盡相同的清明食俗

關於清明食俗，一定要提到閩東畬族的烏稔飯。每年的三月初三，畬族人民家家戶戶都要煮食烏稔飯，並以此餽贈給漢族的親戚朋友們。

久而久之，當地的漢族人民也有了清明時吃烏稔飯的習俗。特別是枯榮縣民間，每年都要用烏稔飯來祭祀，可見中國自古以來就是一個民族和睦相處的大家庭。

據畬族民間傳說，唐代的畬族英雄雷萬興被圍困山中時，正趕上嚴冬糧斷。畬軍只得採摘烏稔果充飢。雷萬興遂於農曆三月初三率眾下山，衝出重圍。

從此以後，每到三月初三，雷萬興總要召集兵將設宴慶賀那次突圍勝利，並命畬軍士兵採回烏稔葉，讓軍廚製成烏稔飯，讓全軍上下飽食一頓，以示紀念。

烏稔飯的製作方法並不繁雜，將採摘下來的烏稔樹葉洗淨，放入清水中煮沸，撈去樹葉，然後，將糯米浸泡在烏稔湯中，浸泡9小時後撈出，放在蒸煮籠裡蒸煮，熟時即可食用。

製好的烏稔飯，單從外表來看，不甚美觀，顏色烏黑，

各地不盡相同的清明食俗

然而米香撲鼻,與一般糯米飯相比,別有一番風味。而畬族人民為了紀念英雄,此後每年的三月初三都要蒸烏稔飯吃,日久相沿,就成為畬家風俗。

又因閩東一帶,畬漢雜居,人民歷代友好相處,遂使食烏稔飯也成了閩東各地各民族共同擁有的清明食俗。

畬族烏稔飯自唐代以來就是畬族過節的傳統食品,它來自大自然烏稔樹的綠色樹葉泡製而成的色香味和開脾健胃驅濕膳療作用,是男女老幼四季皆宜的健康食品。

烏米飯可冷凍保鮮 60 天以上,用時經解凍後再蒸、熱、透後即可配料著作各種佳餚。此外,閩東各地無論城鄉大多吃「芥菜飯」,據說吃了這種飯就可以終年不長疥瘡。

而且在這段時間裡,在閩東許多城鄉中還可以吃到一種富有閩東特色的食品,那就是春菊和金櫻子花拌到磨好的米漿裡,烙熟為時令小吃,這種小吃頗富鄉野風味。

在中國的一些地方,清明節有吃雞蛋的食俗。這一食俗就如同人們在端午節吃粽子、中秋節吃月餅一樣重要。民間習俗認為,清明節吃個雞蛋,一整年都有好身體。清明吃雞蛋習俗,在中國已經有幾千年的歷史了。

煮雞蛋用的是冬天麥田裡的薺菜,整株帶根洗淨,將雞蛋稍稍敲破一點,使之更加入味。煮好的雞蛋有濃濃的薺菜青香味,據說這種蛋還有治療頭昏的功效呢。

不斷發揚—相沿成俗

吃雞蛋，是源於古代的上祀節。人們為婚育求子，將各種禽蛋，如雞蛋、鴨蛋、鳥蛋等煮熟，並塗上各種顏色，稱「五彩蛋」。

人們來到河邊，把五彩蛋投到河裡，順水沖下等在下游的人爭撈、剝皮而食，食後便可孕育。

後來，清明節吃雞蛋便象徵圓圓滿滿。倘若要探究清明節吃雞蛋、撞雞蛋的象徵意義，其中應寄寓著人們對於生命、生育的敬畏與崇信之情。

在農村的一些地區，還有兒童之間「撞雞蛋」的習俗。小孩們還喜歡相互碰熟雞蛋，如果哪個孩子的雞蛋皮結實，把其他孩子的雞蛋皮都碰破了，那麼這個孩子就是最驕傲的。

清明節前一天為寒食節。後因寒食和清明相連，逐漸合為一個節日，但節前蒸「子推饃」的習俗，在陝北的榆林和延安兩地一直流傳至今。

「子推饃」，又稱老饃饃，類似古代武將的安全帽，重約 0.25 至 0.5 公斤。裡面包雞蛋或紅棗，上面有頂子。頂子四周貼麵花。麵花是麵塑的小饃，形狀有燕、蟲、蛇、兔或文房四寶。

圓形的「子推饃」是專讓男人們享用的。已婚婦女吃條形的「梭子饃」，未婚姑娘則吃「抓髻饃」。孩子們有燕、蛇、兔、虎等麵花。「大老虎」專讓男孩子吃，也最受他們喜歡。

各地不盡相同的清明食俗

父母用杜梨樹枝或細麻線將各種小麵花串起來,吊在窯洞頂上或掛到窗框旁邊,讓孩子們慢慢享用。風乾的麵花,能保存到第二年的清明節。

晉南地區民間習慣吃涼粉、涼麵、涼糕等,同時民間還要蒸大饃,中夾核桃、紅棗、豆子之類,稱為子福。取意子孫多福,全憑祖宗保佑。

家家還要做黑豆涼粉,切薄塊灌湯而食。鏟萎蕤草,在炕蓆上搓拉,名為「驅蠍」。

在陝西宜川地區,民間有:

做饅頭相饋,上綴多樣蟲鳥,名為子推,謂晉文公焚山,禽鳥爭救子推也。

江西新建地區,清明俗尚春餅,城裡人用麥麵,鄉下人用米麵,以薄為佳。浙江嘉興和桐鄉地區,在清明晚餐時要吃青螺,名為「挑青」。

【旁注】

畬族:中國少數民族之一,原分布在閩、粵、贛三省結合部,是閩南、潮汕的主要原住民之一。元、明、清時期,從原住地陸續遷徙到閩東、浙南、贛東、皖東南等地山區半山區。畬族自稱「山哈」,是與他們的居住環境、遷徙歷史有關。「山哈」是指山裡客人的意思。

不斷發揚—相沿成俗

上巳節：古代一種節日。周朝巫術迷信流行，每年三月上旬的「巳」日，女巫都要在河邊為人們舉行除災祛病的儀式，謂之「祓禊」。因農曆三月上巳日的具體日期每年都不固定，從漢朝開始，農曆三月上旬的巳日便被定為「上巳」。魏晉時期，把三月初三明確固定為上巳節。

窯洞：是中國西北黃土高原上居民的古老居住形式，這一「穴居式」民居的歷史可以追溯到四千多年前。中國人民利用高原地形，鑿洞而居，創造了被稱為綠色建築的窯洞建築。窯洞一般有靠崖式窯洞，下沉式窯洞、獨立式等形式，其中靠山窯應用較多。窯洞沉積了古老的黃土地深層文化。

【閱讀連結】

在晉北地區，清明節習慣以炒奇（即將糕麵或白麵蒸熟後，切成骰子般大小的方塊，晒乾後炒黃）作為寒食日的食品。

在一些山區，這一天還有全家吃炒麵，即將五穀雜糧炒熟，磨成麵，拌以各類乾果脯。

在晉北地區，清明節還習慣生黑豆芽，並用玉米麵包黑豆芽餡食用。晉西北地區，清明節講究用黍米磨麵作餅，俗稱「攤黃兒」。

演化嬗變 —— 隨俗雅化

到了唐代，唐玄宗把寒食節定為法定節日，極大地提升了寒食節的影響和地位。

寒食清明節是在有些寒冷的春天，又要禁火吃冷食。人們擔心有些老弱婦孺耐不住寒冷，也為了防止寒食冷餐傷身，便定了一些喜聞樂見的戶外活動。

到了隋唐五代時期，鏤雞子、鬥雞卵、走馬習俗、鬥雞習俗、吃烏稔飯、煮雞蛋、子推饃食俗，以及盛唐得以興盛的馬球運動等，成了節日裡較為常見節日習俗。特別是北魏、遼、金、元、明和清代兄弟民族的人民，對寒食節俗的認同和參與，透過寒食文化的交流、融合，對促進民族團結和政權鞏固，具有潛移默化的巨大作用。

演化嬗變─隨俗雅化

寒食節首次成為法定節日

　　唐代節令眾多,最隆重的有八節,即元日、上元、中和、寒食、上巳、中秋、重陽、冬至。寒食是唐代八大節之一,尤其受到人們的喜愛。

　　寒食清明,一則節日祭祖,文人們不免思鄉念親,神牽魂繞;二則永珍更新,百般隨意,文人借景生情,感慨尤多;三則寒食節史話悠長,文人學識博聞,鑑古喻今,靈感頓生。

　　寒食清明節本是國人共度的節日,但其與詩人更有著不解之緣。唐代詩人白居易〈賦得何處難忘酒〉詩句道:

何處難忘酒,朱門美少年。
春分花發後,寒食月明前。
小院回羅綺,深房理管弦。
此時無一盞,爭過豔陽天?

　　在詩人心目中,人生最難忘的事,不是他鄉遇故知和金榜題名時一類的喜事,而是寒食節難得有酒喝。此情非白居易一人的感受。

寒食節首次成為法定節日

在敦煌文書中,存有唐代進士王冷然的〈寒食篇〉。書中記載的內容反映出唐人對寒食節的看法,詩道:

天運四時成一年,八節相迎盡可憐。
秋貴重陽冬貴臘,不如寒食在春前。
焚火初從太原起,風俗流傳幾千祀。
算取去年冬至時,一百五日今朝是。

在唐代,上至宮廷,下至民間,都把寒食節視為重要的節令。人們會圍繞寒食節展開一系列特點鮮明、格調突出的節令活動,其風俗也十分興盛。

唐玄宗順應民意,頒詔將寒食節拜祭掃墓編入《開元禮》中,並定為法定長假。

豐富多樣的寒食清明活動,充實了社會生活,增進了社會人際和諧關係,對緩解社會矛盾,推動社會不斷前進發揮重要作用。

唐代寒食放假,也恩及官戶和奴婢。據《唐六典》記載:官戶和奴婢在元日、冬至和寒食3個節日,都要放3日假。

官戶和奴婢是唐代等級最低下的人,一年到頭苦於役使,僅有3次休假,而寒食就是其中之一。由此可見,寒食節在唐代整個社會生活圈中的地位是非常重要的。

這一時期,人們過寒食節不僅要求禁煙冷食,同時又增

演化嬗變—隨俗雅化

加了鬥雞、掃墓、踏青、鞦韆、饌宴、賜火、鏤雞子、蹴鞠和品新茶等內容。

後世傳承唐代的習俗，寒食節又新增一項規定，即放假7天。寒食節活動又增加了賦詩、賞花、餽贈、鬥百草、打瓦和放風箏等內容。

《全唐詩》卷李崇嗣的〈寒食〉記載：「普天皆滅焰，匝地盡藏煙。萬井人家初禁火，九原松柏自生煙。」〈和宋之問寒食題臨江驛〉：「聞道山陰會，仍為火忌辰。」〈奉天寒食書事〉：「處處無煙火，人家似暫空。」

在眾多詩人反映寒食節的作品比比皆是，唐代詩人李商隱，寒食夜裡住在綿山腳下的冷泉驛，寫出了禁火感受：

介山當驛秀，汾水繞關斜。

自怯春寒苦，哪堪禁火賒。

寒食禁煙連皇宮內都不例外。唐代詩人元稹在〈連昌宮詞〉中有：「初過寒食一百六，店舍無煙宮樹綠」的詩句；北宋文學家李方叔的〈寒食〉道：「千株密炬出嚴闉，走馬天街賜近臣」；宋人宋白〈宮詞百首〉道：「寒食宮中也禁煙，鬱金堂北畫鞦韆。」

寒食節禁煙，儘管皇家有靈活機動的對策，但寒食傳統習俗禁火冷食，連皇室也受到約束，這確是事實。

寒食節首次成為法定節日

這些詩詠，說明了唐代寒食節時家家滅火，從南到北，風俗如一。

寒食滅火，意在敬重介之推，唐人心目中依然保留著一定程度的懷舊成分，這一點也可從唐人詩歌中看出來。

《全唐詩》說道：

子推言避世，山火遂焚身。

四海同寒食，千秋為一人。

處處哭聲悲，行人馬亦遲。

店閉無火日，村暖斫桑時。

泣路同楊子，燒山憶介推。

當然，唐人過寒食節，主要的目的已不是紀念前賢，而是眷戀春光嫵媚的自然環境和豐富多彩的遊樂活動。

所以，唐代詩人詠及寒食節，追懷介之推的人很少，而描述當時民俗風情的人卻有很多。其中還有一段動人的故事。

據傳，唐代的嶺南節度使崔護，早年科舉進士不第。清明節獨遊城南，因酒渴思水，向一民居叩門，一女子開門迎之，復取出水讓喝時，獨靠在桃樹下佇立。崔護喝完謝別，女子送至門外，露出不勝之情。

第二年清明節，崔護又訪尋到此家。叩門半天，無人接應，於是在門上寫道：

演化嬗變—隨俗雅化

去年今日此門中，人面桃花相映紅。

人面不知何處在，桃花依舊笑春風。

數日後，催護又復去，有老父出門說：「吾女知書，還未聘人。去年以來，常恍惚若有所失。前日出門看到所題詩句，回家後遂不食，現已昏死去數日！」

崔護聽罷，趕忙急奔入家，見其女還躺在床，忙舉女子的頭哭說：「崔某來也。」

其女彷彿有預感，開目復活。老父家人皆喜，並願將女兒許配給崔護。

在《全唐詩話》中，有一則唐代帝王由寒食詩引出的笑話。

唐德宗在位時，詩人韓翃寫了一首嘲諷在禁火時節，皇宮使用偷梁換柱術，以賜臣僚蠟燭代替禁煙的〈寒食〉詩。沒想到四句詩轟動一時，連唐德宗都讚賞不已。

西元780年，德宗親自御批，要調韓翃到皇宮任駕部郎中知制誥，即為帝王草擬令文。

當時，有兩個叫韓翃的人，一個是寫寒食詩的韓翃，一個是刺史宰相。當時寫詩的韓翃，正遠在夷門，即開封為李勉幕屬。傳喚官起初以為是調刺史宰相，因拿不準請示皇帝。

德宗又御批道：

春城無處不飛花，寒食東風御柳斜。

日暮漢宮傳蠟燭，輕煙散入五侯家。

接下來德宗又批：「要此韓翃」。

邸報送到夷門，韓翃開始還不敢相信。送邸報者拿出御批道：此詩不是官人寫的？

韓翃一見大喜，連聲說：「是啊，是不錯啊！」於是，韓翃因此詩而飛黃騰達。

清明節由一個單純的農業節氣，上升為重要的大節日，寒食節的影響也就逐漸消失了。但寒食的食俗，有的以變形的方式被傳承了下來，並保存於清明節中。而寒食掃墓的習俗也被移到清明節中。踏青春遊、盪鞦韆等風俗，也只在清明時舉行。

晚唐時期著名詩人杜牧有一首流傳千古的絕句〈清明〉，詩道：

清明時節雨紛紛，路上行人欲斷魂。

借問酒家何處有，牧童遙指杏花村。

清明這個節日，本來就容易勾起出門在外的人思歸之念，而春雨綿綿，更增添旅途的愁苦和艱辛。這樣一種複雜的思緒，詩人卻用一句極通俗的語言，作了很好的概括。

演化嬗變─隨俗雅化

　　這首詩對旅途情景的描繪，旅人情懷的抒發，真實自然，把作者內心在清明時節，欲言又止的思念情愫表達得淋漓盡致，從而成為清明詩中最膾炙人口的一首。

　　縱觀歷史，寒食清明節不僅對中國古代歷史變遷、社會意識形態進行了充分地反映並產生了重大影響，而且對中國文學、藝術、傳統文化等多方面，均形成了極為深遠的影響。

【旁注】

　　白居易（西元772年～西元846年）：唐代偉大的現實主義詩人，中國文學史上負有盛名且影響深遠的詩人和文學家。他有「詩魔」和「詩王」之稱。官至翰林學士、左贊善大夫。有《白氏長慶集》傳世，代表詩作有〈長恨歌〉、〈賣炭翁〉、〈琵琶行〉等。

　　進士：中國古代科舉制度中，通過最後一級考試者，稱為進士，是古代科舉殿試及第者之稱，意為可以進授爵位之人。此稱始見於《禮記‧王制》。隋煬帝大業年間始置進士科目。唐亦設此科，凡應試者謂之舉進士，中試者皆稱進士。元、明、清時，貢士經殿試後，及第者皆賜出身，稱進士。

　　《唐六典》：全稱《大唐六典》，是唐朝一部行政性質的法典，是中國現有最早的一部行政法典。唐玄宗時官修，舊題

> 寒食節首次成為法定節日

唐玄宗撰、李林甫等注，實為張說、張九齡等人編纂，成書於西元738年，所載官制源流自唐初至開元止。六典之名出自周禮，原指治典、教典、禮典、政典、刑典、事典。

李商隱：唐代著名詩人。他擅長詩歌寫作，駢文文學價值也很高，是晚唐最出色的詩人之一，和杜牧合稱「小李杜」，與溫庭筠合稱為「溫李」，因詩文與同時期的段成式、溫庭筠風格相近，且三人都在家族裡排行第十六，故並稱為「三十六體」。作品收錄為《李義山詩集》。

元稹（西元779年～西元831年）：字微之，別字威明，唐代中晚期著名詩人，官至宰相。父親名為元寬，母親鄭氏，為北魏宗室鮮卑族拓跋部後裔。早年和白居易共同提倡「新樂府」。世人常把他和白居易並稱「元白」。代表作品有〈菊花〉、〈離思五首〉、〈遣悲懷三首〉、〈兔絲〉等。

《全唐詩》：清朝初年編修的彙集唐代詩歌的總集，全書共900卷。共收錄唐代詩人2,529人的詩作42,863首。西元1705年，曹寅、彭定求、沈立曾、楊中訥等奉敕編纂，成書於第二年。是中國規模最大的一部詩歌總集。

崔護：唐代詩人。西元796年登進士及第。西元829年為京兆尹，同年為御史大夫、嶺南節度使。《全唐詩》存詩6首，尤以〈題都城南莊〉流傳最廣。該詩以「人面桃花，物是人非」看似簡單的人生經歷道出了千萬人都似曾有過的生活

演化嬗變─隨俗雅化

體驗，也為詩人贏得了不朽的詩名。

刺史：古代官職，漢初，文帝以御史多失職，命丞相另派人員出刺各地，不常置。西元前 106 年，漢武帝始置。「刺」是檢核問事之意，刺史巡行郡縣。刺史制度在西漢中後期得到進一步發展。王莽稱帝時期刺史改稱州牧，職權進一步擴大，由監察官變為地方軍事行政長官。

【閱讀連結】

唐代官方規定，寒食節放假 7 日，大小官吏及軍隊將士均可休息，長期以來已成慣例，其假期之長，在唐朝各節日中位居其首。

當時，唐代重要的藩鎮淄青鎮，曾長期處於割據狀態，全鎮之內，日修戰備，約束甚嚴，節令娛樂也受到了嚴格的控制。

西元 819 年，唐朝平定淄青鎮，田弘正出任節度使，採取了許多安定民心的措施，其中就包括寒食節依舊放假 7 日，並允許百姓任意遊樂。寒食節的 7 日假日，從都城到州鎮已約定俗成。

豐富多彩的清明節遊戲娛樂

在隋唐五代時期，清明節的各種習俗豐富多彩起來，除了傳統的拔河習俗，鏤雞子、鬥雞和走馬、打馬球等習俗等，成了人們在清明節期間最常見的健身娛樂活動。

唐代的拔河之最，當數唐中宗導演的梨園拔河戲。據《景龍文館記》記載，西元711年清明節，唐中宗遊幸梨園，命侍臣為拔河之戲，以大粗索兩頭繫10餘個小索，每索數人拽著。以挽六弱為輸。

當時，7個宰相、兩個附馬為東朋，三相五將為西朋。僕射韋巨源，少師唐休因為年老，拔河時隨而撲倒，很長時間起不來，惹得中宗忍不住開懷而笑。

除了拔河，唐代的寒食節更盛行鬥雞遊戲。中國鬥雞習俗可謂是歷史悠久，在《戰國策》、《史記》、《漢書》等史籍中提到的鬥雞典故甚多。

之後又有《鄴都故事》記載：「魏明帝太和中築鬥雞臺」，曹植觀鬥雞後所作的樂府雜曲辭〈鬥雞篇〉。到了唐代，寒食節鬥雞已成為皇宮中不能缺少的娛樂之一。

演化嬗變—隨俗雅化

鬥雞是一種觀賞兩隻或數隻雞相鬥的遊戲。鬥雞由清明那天開始，一直鬥到夏至為止。鬥雞遊戲起源於隋代，到了唐代更加盛行。

據隋代杜臺卿著《玉燭寶典》記載：

寒食節城市尤多鬥雞鬥卵之戲。

人們不惜重資購買健鬥之雞，調習既嫻，至期登場。鬥雞時，人們把五色幔蓋在籠上，背場開籠，有敢臨陣爭鬥的雞，任它們飲啄自如。如果多至三四百隻雞且不懼怕的雞，這隻雞就穩操勝券了。

鬥勝的雞用綵線結成小球，分別纏在頸部和膀部，入籠迎歸。雞的主人所獲得的珠翠羅綺不下於百兩黃金。由此可見，當時鬥雞場面是何其壯觀。

鬥雞之戲在歷史上可以說是經久不衰。據劉肅所撰的《大唐新語》記載：太守戡內難作為御史大夫，有〈詠雞〉詩，可謂是一幅繪影繪聲的鬥雞圖。

寒食東郊道，陽溝競草籠。
花冠偏照日，芥羽正生風，
顧敵知心勇，先鳴覺氣雄。
長翹頻掃陣，利距屢通中。
飛毛遍綠野，灑血漬芳叢。
雖雲百戰勝，會自不論功。

> 豐富多彩的清明節遊戲娛樂

另據唐代段成式的《酉陽雜俎》記載:「威遠有個叫臧平的人,愛好鬥雞。他有一隻高於普通雞數寸的無敵公雞。威遠監軍強行買了下來,讓牠參加寒食節鬥雞,因為十宅諸王都愛好鬥雞。此雞威猛異常,無雞可敵。唐穆宗龍顏大悅,賜百匹帛。

關於寒食清明節鬥雞,最有趣味的是唐玄宗與賈昌的故事。據說,賈昌的父親賈忠是皇帝近身侍衛,力大無比,可以拽起一頭公牛摔牠個肚朝天。後來在誅滅韋氏家族的變亂中,賈忠立下了大功,深受皇帝的寵信。

賈昌在子承父業習武的同時,7歲就學會了各種鳥語。唐玄宗愛好廣泛,除了詩歌音樂,舞蹈美色,還有鬥雞。居然蒐羅了上千隻公雞,選派了500名御林軍專門馴雞。每年清明舉行鬥雞賽事。如此一來,竟成時尚。

賈昌憑藉精通鳥語的天賦,馴養鬥雞,很有章法,恰好被唐玄宗發現,就把他召進宮裡,當了500名馴雞御林軍的總領袖兼總教練,授予「神雞童」的稱號。

據《東城老父傳》中記載:每當到了鬥雞的日子,唐玄宗都會讓宮廷樂團集體出動,後宮的佳麗也紛紛出場。賈昌則頭戴雕翠金華冠,身穿錦繡襦褲,手執鐸拂,引導群雞氣宇軒昂地走到場地中間。在賈昌的指揮下,群雞進退有度,顧盼神飛,勇往直前,不啄得對手雞血長流不罷休。

演化嬗變—隨俗雅化

　　戰鬥結束之後，賈昌命令群雞按勝負關係列隊，接受玄宗的檢閱，然後再整齊劃一地回到雞坊之中。唐代寒食鬥雞之盛，由此可見一斑。

　　到了唐文宗時期，皇上也喜歡觀鬥雞。唐代詩人王勃也曾被召署府任修撰一職。據《舊唐書‧王勃傳》記載：王勃在諸王寒食鬥雞時，寫了〈檄英王雞〉，結果被唐高宗怒斥後驅出府。

　　唐代寒食清明節繼承了前代鏤雞子、鬥雞卵的習俗，並且推陳出新，大盛其風。

　　鏤雞子，就是將雞蛋雕刻成各種圖樣花案，有的還塗上色彩，製成精美象形的工藝食品。「雕卵」同「畫卵」，在〈鏤〉一文中認為：「雕卵」是用工具雕刻雞蛋，「畫卵」則是在雞蛋上繪畫染色，後來二者合一，即成為古代風行於世的「鏤雞子」。

　　「鏤雞子」透過繪畫和雕刻這兩道必不可少的程序而達到了食品雕刻高度完美的藝術境界」，而「鏤雞子」也成為當時真正意義上的食品雕刻。

　　古時，寒時節的鏤雞子大致分為兩種，一為畫蛋，一為雕蛋。前者為食用，後者主要供玩賞及祭獻。畫蛋，是將雞蛋或鴨蛋煮熟後，用茜草汁為染料在蛋殼上描繪花卉。開始無色，過數日後顏色漸顯，由淺藍色變為紅色。蛋殼剝去

後，蛋白上便顯現出玲瓏剔透的圖案。

雕蛋則是將蛋煮熟後，先用筆在蛋殼上畫好圖案，然後用刀雕刻，將蛋白、蛋黃取出，使整顆蛋鏤空，俗稱「鏤雞子」。

這種習俗盛行於唐代，唐天寶年間皇家寒食節朝陵所用的供品，即有餳粥、雷車和雞球，一直流行到清末。

《全唐詩》中載有一首駱賓王〈鏤雞子〉詩，算是對鏤雞子的絕妙描寫：

幸遇清明節，欣逢舊練人。

刻花爭臉態，寫月竟眉新。

暈罷空餘月，詩成並道春。

誰和懷玉者，含響未吟晨。

詩中把善鏤雞子的人稱之為「練人」，以示其雕刻技能的熟練和高超，同時把雕刻的形態和手法也栩栩如生地勾勒出來。

從詩中可見，雞蛋被鏤成人臉的形狀，眉眼俱在，光暈逼真，充分說明了中國古代食品雕刻有著悠久的歷史和豐富的技巧。

唐人鏤雞子，一是增加食品的美觀，二是作為餽贈親友的禮物。每值寒食清明，人們相互贈送鏤刻成形的雞蛋，以

演化嬗變─隨俗雅化

祝賀節日。好勝之人，還往往將鏤好的雞蛋互相對比，大有競爭之意，這種比試鏤雞子的做法，當時稱之為「鬥雞卵」。

鏤雞子、鬥雞卵原是民間寒食風俗，宮廷之內亦曾依俗相隨。

《全唐詩》有〈奉和聖制初入秦川路寒食應制〉：

路上天心重豫遊，御前恩賜特風流。
便幕那能鏤雞子，行宮善巧帖毛球。

這說明皇家在寒食節，也讓臣下鏤雞子。可是，後來唐玄宗以保生養息為理由，下令禁止民間寒食相互餽贈雞蛋的風俗。

此後，寒食節時，民間互贈雞蛋的做法有所收斂，但人們喜愛的鏤雞子和鬥雞卵卻始終不衰。

寒食遊樂期間，還有一系列的健身運動和娛樂遊戲，例如「走馬」。在唐代，騎馬是人們主要的交通方式，也是一種強身健體的運動形式和優雅自得的消遣方法。

每當寒食來臨，人們總愛走馬出遊，或賓士於廣闊原野，或閒步於草地叢林，或逗留在花間柳下，各自尋覓著不同的自然風光。

《全唐詩》中曹松在詩〈鍾陵寒食日與同年裴顏李先輩鄭校書郊外閒遊〉中說道：「寒食鍾陵香騎隨，同年相命楚江湄。」吟詠的就是同年好友攜鞍出遊的情景。

豐富多彩的清明節遊戲娛樂

此外，盧廷讓在〈樊川寒食〉詩中亦有：

鞍馬和花總是塵，歌聲處處有佳人。

五陵少年粗於事，栲栳量金買斷春。

可見當時，久居城市的人，在寒食清明期間走馬郊外，已是一種十分普遍的社會風氣。

在盛唐時期，清明節頗為盛行打馬球運動。打馬球作為古代一種戶外運動，稱之為「擊鞠」、「擊球」或「打球」。

擊鞠相傳最早是由華夏文明的鼻祖黃帝發明的，最初的目的是用來訓練武士。在中國古代文獻中，「擊鞠」一詞最早出現於曹植所著〈名都篇〉中。

馬球約有成人拳頭大小，球體中空。原料是一種質地輕巧並且非常柔韌的特殊木材，球做好以後，外面還要塗上鮮亮的顏色，並且要請專門的工匠在球的表面進行精緻的雕刻，因此製成的馬球不僅是競技運動的工具，還是非常精美的工藝品。

擊鞠另一件必不可少的比賽工具是球杖，因為打馬球競技的比賽者是騎在馬背上擊球，所以球杖要求特別長，球杖的頂端如偃月一般彎曲回來，可以將急速滾動的馬球擋住。

當然，進行擊鞠運動，最昂貴的花費還是馬匹。這樣的高成本也就注定了它的貴族屬性，唐代時的馬球運動，從軍隊到民間，無不欣喜為之，構成了極為壯觀的體育集會。

演化嬗變─隨俗雅化

唐代的擊鞠有場地、有規則、有雙方隊員、有取勝技巧,並展現出參賽者的勇敢精神和整體配合。長安軍隊中有所謂「兩軍球會」,軍人們縱橫急馳,大比其藝,其場面氣勢磅礴。

而進士們則舉行「月燈閣球宴」,動作瀟灑從容,文質彬彬。皇家寒食內宴,也總少不了馬球的表演。

《全唐詩》張籍的〈寒食內宴〉中就有這樣的吟唱:

……

廊下御廚分冷食,殿前香騎逐飛球。

千官盡醉猶教坐,百戲皆呈未放休。

擊鞠分為單、雙球門兩種比賽方法。單球門是在一個木板牆下部開一尺大小的小洞,洞後有網囊,以擊球入網囊的多少決定勝負;雙球門的規則與現代馬球類似,以擊進對方的球門為勝。

盛世大唐,百姓豐衣足食,安居樂業。經濟上的穩定與安逸,帶動國家在體育文化方面蓬勃發展。

唐代中葉,更是出現了數位熱愛戶外運動的最高統治者。唐僖宗曾跟人誇口,說如果朝廷設置馬球進士科,他能拿狀元。

不過,若是真在唐朝皇帝裡選馬球狀元,恐怕還是李隆基最夠資格。這位「春宵苦短日高起,從此君王不早朝」的皇

帝,年輕時可是舉世矚目的體育明星。

24歲的李隆基還是臨淄王時,有一次參加慶祝與吐蕃和親的國際邀請賽,神策軍和皇宮內的球隊都輸給了吐蕃隊,這時李隆基臨時組織了一個貴族球隊,以先發主力打滿全場,馳騁球場連連得分,為唐王朝第一次外交球賽贏得勝利,也算是體育外交的先行者了。

事實上,打馬球是相當危險的。唐穆宗李恆也是馬球迷,在他繼位的第三年,曾經因為打馬球而「暴得疾」,以致於連請了3天病假沒有上朝,不知道是突發心腦血管疾病還是誤中隊友火力,被自己人悶了一棍。

唐德宗也是馬球的痴迷者。據《舊唐書・德宗紀上》記載:「寒食節,上與諸將擊鞠於內殿。」王冷然的〈寒食篇〉也對馬球進行了現場描寫:

別殿前臨走馬臺,金鞍更送彩球來。

球落畫樓攀柳取,杖飛香徑踏花回。

上有所好,下必甚焉,天子喜愛的運動自然是天下第一運動,馬球也就成了大唐不折不扣的國球。由於馬球運動對於場地、人員都有較為嚴格的要求,所以寒食擊鞠,多為朝廷、顯貴或軍隊所組織。民間僅是散騎開打,大部分人都是作為觀眾而圍繞在球場四周。

在唐高宗李治第六子,武則天第二子的章懷太子墓中有

演化嬗變—隨俗雅化

〈馬球圖〉，畫出了唐代馬球的興盛：畫上有20多匹駿馬飛馳，馬尾紮結起來，打球者頭戴幞巾，足登長靴，手持球杖逐球相擊，場面極為壯觀。

【旁注】

唐中宗（西元656年～西元710年）：李顯，原名李哲，諡號大和大聖大昭孝皇帝，唐高宗李治的第七子，武則天的第三子。唐中宗前後兩次當政，共在位5年半，西元710年被韋后毒殺，終年55歲，葬於陝西省富平縣西北鳳凰山的定陵。

魏明帝（西元204年～西元239年）：曹魏烈祖明皇帝曹叡，史稱魏明帝，三國時期曹魏的第二位皇帝，西元226年至西元239年在位。他能詩文，與曹操、曹丕並稱魏之「三祖」。原有集，已散佚，後人輯有其散文二卷、樂府詩十餘首。曹叡繼位為帝后，成功防禦了吳、蜀的多次攻伐，並且平定鮮卑，攻滅公孫淵，頗有建樹。

樂府：漢代封建王朝建立的管理音樂的一個宮廷官署。樂府最初始於秦代，到漢時沿用了秦時的名稱。西元前112年，漢王朝在漢武帝時正式設立樂府，主要掌管音樂，並監管蒐集各地的民歌，配上音樂，便於在朝廷宴飲或祭祀時演唱，樂府蒐集演唱的詩歌被稱為樂府詩。

段成式(西元803年～西元863年):唐代著名志怪小說家。其父段文昌,曾任宰相,封鄒平郡公,工詩,有文名。在詩壇上,他與李商隱、溫庭筠齊名。段成式青年時期為官宦子弟,英俊瀟灑,彬彬有禮,活潑好動。

駱賓王(約西元619年～約西元687年):唐初詩人,與王勃、楊炯、盧照鄰合稱「初唐四傑」,又與富嘉謨並稱「富駱」。高宗永徽中為道王李元慶府屬,後因不得志,辭官。

盧延讓:約西元902年前後在世。他天才卓絕,為詩師薛能,詞意入僻,不尚織巧,多壯健語。盧延讓考了25次進士,都未考中,西元900年才登進士第。郎陵雷滿辟為從事,後歸蜀王建,授水部員外郎。累遷給事中。終刑部侍郎。著有詩集一卷,《唐才子傳》傳於世。

黃帝(西元前2717年～西元前2599年):華夏始祖之一、人文初祖,是中國遠古時代華夏民族的共主,五帝之首。他以統一中華民族的偉績載入史冊,其在位期間播百穀草木,大力發展生產,始製衣冠,建舟車,發明指南車,定算數,製音律,創醫學,並有了文字。

曹植(西元192年～西元232年):三國曹魏著名文學家,建安文學的代表人物。魏武帝曹操之子,後人因他文學上的造詣而將他與曹操、曹丕合稱為「三曹」,南朝宋文學家謝靈運更有「天下才有一石,曹子建獨占八斗」的評價。王士禎嘗

演化嬗變─隨俗雅化

論漢魏以來 2,000 年間詩家堪稱「仙才」者，曹植、李白、蘇軾三人耳。

張籍（約西元 767 年～約西元 830 年）：唐代詩人。先世移居和州，世稱「張水部」、「張司業」。張籍的樂府詩與王建齊名，並稱「張王樂府」。著名詩篇有〈塞下曲〉、〈征婦怨〉、〈採蓮曲〉、〈江南曲〉等。

唐僖宗（西元 862 年～西元 888 年）：即李儇。唐朝第十八位皇帝，唐懿宗第五子。西元 873 年至西元 888 年在位，在位 13 年，享年 27 歲，死後諡號為惠聖恭定孝皇帝。懿宗病重彌留之際，他在宦官的支持下被立為皇太子，改名李儇，並於懿宗死後柩前即位。

唐德宗（西元 742 年～西元 805 年）：即李適，唐肅宗的長孫、代宗的長子，唐朝第九位皇帝，在位 26 年。在位前期，堅持信用文武百官，嚴禁宦官干政，頗有一番中興氣象。

【閱讀連結】

唐穆宗的兒子唐敬宗李湛，繼位時是個十五、六歲的孩子。他打起馬球來排場更大，場上他騎馬打球，場下還要有樂團伴奏，烘托氣氛。

這位暴虐的皇帝經常半夜打球,時有「碎首折臂」的危險事情發生。

有一次他從郊外打獵回來,半夜心血來潮,要打球作樂。這時人困馬乏極易發生危險,李湛不聽勸告一意孤行,非要人傷馬殘不可,幾個打球供奉私下商量,打也死不打也是死,於是乾脆把唐敬宗殺了。

可見,凡事適可而止,玩物不僅喪志還有喪命的風險。

演化嬗變─隨俗雅化

清明節飲茶的盛行和演變

唐代是一個格外注重節日的朝代，每逢節令到來，舉國上下為之歡慶，而其飲食、好尚、遊樂、交際等社會活動及家庭生活也緊密相應，形成唐代的特色。

在唐代，清明節受到了格外重視。作為清明節最重要的飲食習俗之一的飲茶也發生了諸多變化。當時，四川是茶葉之鄉，隨著民族的統一，四川的種茶和飲茶習俗開始向外傳播。先是流傳至長江流域，再逐漸從北方傳播到西北。

茶原為中國南方的嘉木，茶葉作為一種著名的保健飲品，是古代南方人民對中國飲食文化的貢獻。中國飲茶的起源要追溯到上古時期的神農氏。

傳說，約在西元前2737年的神農時代，就已經發現了茶樹的鮮葉可以解毒。

有一天，神農在野外以釜鍋煮水時，正巧有幾片葉子飄進鍋中。神農見煮好的水，其色微黃，喝入口中生津止渴、提神醒腦。

他便以自己過去嘗百草的經驗，判斷它是一種藥，這便是有關中國飲茶起源最普遍的說法。

清明節飲茶的盛行和演變

在著名古籍《神農本草經》曾有記載：

神農嘗百草，日遇七十二毒，得茶解之。

反映的就是古人發現茶治病的起源，這說明中國利用茶葉最少已有 4,000 多年的歷史。

茶的功能演變從最初的祭品、菜食到作為藥用。茶從治病的藥物而逐步發展成為日常的飲品，其間經歷了很長的時期，而後茶才逐漸成為中國民間普及的飲品。關於飲茶的記載也日益增多。

當時，中國主要是四川一帶產茶和飲茶，因為隔著千山萬水，「蜀道」險阻，種茶、飲茶僅局限於四川一帶。

隨著各民族交往的日益頻繁，飲茶風習才從四川傳到其他地方，並逐漸興盛。而在古代，寒食清明飲茶之俗更是興盛不衰。

在古代，經常有老人每天提著裝有茶葉的容器，來到集市上叫賣，人們也競相購買。由此可見，茶已成為百姓日常生活不可或缺的普通飲品了。有了茶，才有品茶。品茶，就是品其味，是一種極優雅的藝術享受。

品茶講究的是程序。中國是茶的故鄉，茶文化是中華 5,000 年歷史的瑰寶，茶文化更是風靡全世界。這不僅僅是因為喝茶對人體有很多好處，更因為品茶本身就能為人們帶來無窮的樂趣。

演化嬗變─隨俗雅化

　　清明節品茶是古時上層人物享受的奢俗。飲茶有健脾胃、止渴、提神等諸多益處，但是在古代，茶在清明時節很是昂貴，普通人很難品出其中滋味。

　　古代的皇室及其近臣也有清明節飲新茶的奢俗。為此，南方一些產茶區也有了按期完課納貢茶的成規。

　　在清明時節採摘的茶葉嫩芽，為新春的第一次出茶，名為「清明茶」，一般叫春茶。

　　關於清明茶來歷，據古文獻記載，歷代王朝，都於清明節前從遙遠的地方進貢，歲歲入官。並且，朝廷還專門設有種茶基地，以供皇室「清明會」祭天祀祖之用。「清明茶」之名便此得來。

　　隨著歷史的發展，關於「清明茶」的提法逐漸淡遠，也極少有人還把茶作為清明時祭祀故去親人的做法了。取而代之的是，各種關於清明前上品茶的各個種類，如，「竹葉青」、「一枝春」、「劍芽」、「明前綠」等，而更多的人習慣地把這些茶統稱為「明前茶」。

　　西漢後期至三國時期，茶已經發展成為宮廷的高級飲品了。如在漢代《趙飛燕別傳》中，就有一節關於飲茶的記載。

　　據說，漢成帝去逝以後，皇后在睡覺時忽然驚醒，並哭啼了很長時間。侍者不知是什麼原因，而皇后卻啼哭不止。侍者問道：皇后娘娘，因何啼哭？您要節哀順便，保重身體才是！

清明節飲茶的盛行和演變

皇后聞聽此言,方才醒過神來,說:我剛才夢見皇帝,皇帝在雲中賜座給我,皇帝命人進茶。皇帝左右上奏皇帝,皇后平時侍奉皇帝不周,不應該喝此茶。

可見當時,茶已成為皇室中的一種飲品了。

每逢清明節,王室貴族都要宴飲新茶。清明節的新茶,要在數千里外及時奉送到,在清明前採的茶為上等茶,專人又先於清明時把上等茶收買回來,再焙乾箬葉,採貢茶時又有郡守現場指揮,所有這一切為的都是為清明宴做準備。

關於此事,在唐代陸羽的《茶經》中有所記載:

茶之為飲,發乎神農氏,聞於魯周公。

唐代詩人張文規在〈湖州貢焙新茶〉中說道:

鳳輦尋春半醉回,仙娥進水御簾開。

牡丹花笑金鈿動,傳奏吳興紫筍來。

這首詩真實細膩地描繪出皇家遞送貢茶時的情景。

古人在製茶、藏茶、飲茶諸多環節上,對用時、用火、用水、用具等都有許多講究。後人有詩為證:

題封進御官有局,夜行初不更驛宿。

冰融太液俱未知,寒食新芭隨賜燭。

唐代清明節飲茶習俗還有許多別出心裁之舉。據《事詞類奇》載,唐德宗煎茶,好加酥椒之類。

演化嬗變─隨俗雅化

蘇東坡在〈試院煎茶〉歌中，列舉了許多與眾不同的煮茶法：

蒙茸出磨細珠落，眩轉繞甌飛雪輕。
銀瓶瀉湯誇第二，未識古人煎水意。
君不見昔時李生好客手自煎，貴從活火發新泉；
又不見今時潞公煎茶學西蜀，定州花瓷琢紅玉。
我今貪病長苦飢，分無玉碗捧蛾眉，
且學公家作茗飲，磚爐石銚行相隨。

【旁注】

《神農本草經》：簡稱《本草經》或《本經》，是中國現存最早的藥物學專著。《神農本草經》並非出自一時一人之手，而是眾多醫學家總結、蒐集、整理當時藥物學經驗成果的專著，是對中國中草藥的第一次系統化總結，被譽為中藥學經典著作。

進貢：封建時代藩屬對宗主國或臣民對君主奉獻禮品。在古代，強盛的宗祖國有時會要求其附屬小國每年向其進獻金錢物資或珍禽異獸，再把這些進貢之物放在皇宮供人賞玩，以彰顯國之大氣。

陸羽（西元733年～西元804年）：他一生嗜茶，精於茶道，因著世界第一部茶葉專著《茶經》而聞名於世，被譽為

「茶仙」，尊為「茶聖」，祀為「茶神」。他善於寫詩，但其詩作世存不多。《全唐文》有〈陸羽自傳〉。

【閱讀連結】

提起飲茶，自古以來，無論達官貴人還是平民百姓，但凡有品茗雅興之人都講究茶道。

茶道是烹茶飲茶的藝術。是一種以茶為媒的生活禮儀，也被認為是修身養性的一種方式，它透過沏茶、賞茶、聞茶、飲茶、增進友誼，美心修德，學習禮法，是很有益的一種和美儀式。

喝茶能靜心、靜神，有助於陶冶情操、去除雜念，這與提倡「清靜、恬澹」的東方哲學思想很合拍，也符合佛道儒的「內省修行」思想。茶道精神是茶文化的核心，是茶文化的靈魂。

演化嬗變─隨俗雅化

寄託無限哀思的重大節日

　　清明祭掃墳塋，是和喪葬禮俗有關的節俗。據載，古代「墓而不墳」，就是說只打墓坑，不築墳丘，所以祭掃就不見於載籍。後來墓而且墳，祭掃之俗便有了依託。

　　秦漢時代，墓祭已成為不可或缺的禮俗活動。據《漢書·嚴延年傳》記載，嚴氏即使離京上千里，也要在清明「還歸東海掃墓地」。

　　中國古人祭祀的形式大致有三種：

　　一是較為普遍的方式，即在祖宗葬地舉行，俗稱「上墳」。時間主要是忌日和傳統重大節日，如除夕、清明、中元節、十月初一等。

　　第二種方式是家祭。即不用到墳上去，或與上墳同時進行，把寫有直系宗祖的牌位或譜系圖供在正堂或「家廟」，全家或全族人一齊祭祀，在家祭的稱「請家堂」，儀式十分莊重。

　　第三種方式是清明節掃墓，掃墓也被稱為寒食展墓。其過程大致是寒食節這一天，一家人或一族人一同來到先祖墳地，然後致祭、添土、掛紙錢。因這項活動與千家萬戶的生老死葬休戚相關，因而在民間尤為看重，被視為「野祭」。

由其是,古代帝王在組織官方編修五禮時,為了替世人這種追賢思孝的野祭正名,特敕令將寒食節上墓編入五禮之中的第一項吉禮中,使其永為恆式。

此後,寒食節展墓,名正言順地成為官方認同倡導的拜掃禮節。皇親貴族也躋身於寒食祭陵展墓的行列。

既要展墓就要提到紙錢。紙錢是古人祭祀時用以禮鬼神和葬禮及掃墓時用以供死者享用的「冥幣」之一,因之又稱冥錢。一般是將白紙剪成銅錢的形狀,或拋撒於野外墓地,或焚化給死者,民間將此稱為撒紙或燒紙。

在《史記・酷吏列傳》中就有關於紙錢的記載:「會人有盜發孝文園瘞錢。」

由此可知,紙錢之俗早在漢代就有了。魏晉以後,南朝齊之時,人們普遍改為以紙寓錢祭靈。此俗一直沿襲下來。世間事,過眼煙雲,朝更夕改,唯有寒食展墓之俗如陽露春草,歲歲年年。

到了隋唐時期,寒食節主要活動已逐漸演變為關係千家萬戶的祭祖掃墓,而為紀念介之推舉行的禁煙吃冷食已退居其次。

寒食展墓之俗因其魂繫祖脈,根連骨肉,至後來已演變為四海同祭,九原焚帛,生者展孝,鬼神享食的天下第一祭日。

演化嬗變─隨俗雅化

人死萬事灰,展墓人復來。唐代詩人張籍名作寒食節〈北邙行〉記載:

洛陽北門北邙道,喪車轔轔入秋草。
車前齊唱薤露歌,高墳新起白峨峨。
朝朝暮暮人送葬,洛陽城中人更多。
寒食家家送紙錢,烏鳶做巢銜上樹。
人居朝市未解愁,請君暫向北邙遊。

自古至今,上墳祭掃都是中國上至朝廷,下至百姓的重要活動。其主要包括兩項內容:一是掛紙燒錢,一是修整墳墓。

唐代以前,中國已有燒紙錢祭亡靈的習俗,但因寒食期間禁火,墓祭也不能燒紙錢,人們便將紙錢插、掛在墓地或墓地旁邊的樹上,有的是用小石頭壓在墳地上,表示後輩為先人送來了費用。

這就出現了一個疑問,古人認為,給先人使用的物品如果不焚燒,是無法過到另外空間去的,當然食品除外。

在中國,從古至今,不管是宗教還是民間,都有燒香或燒紙錢的習俗。這個紙錢如果不焚燒,陰間的先人就不好用。

因此,唐朝的大詩人王建在〈寒食行〉一詩中,就對寒食節不能燒紙錢的事情提出了質疑:

寄託無限哀思的重大節日

寒食家家出古城，老人看屋少年行。
丘壟年年無舊道，車徒散行入衰草。
牧兒驅牛下塚頭，畏有家人來灑掃。
遠人無墳水頭祭，還引婦姑望鄉拜。
三日無火燒紙錢，紙錢那得到黃泉。
但看壟上無新土，此中白骨應無主。

清明節是中國三大鬼節之一，另外兩個鬼節是農曆七月十五、十月初一。「鬼節」即是悼念亡人之節，是和祭祀天神、地神的節日相對而言的。

清明祭祀的參與者是全體人民，上至君王大臣，下至平民百姓，都要在這一節日祭拜先人亡魂。

從唐朝開始，朝廷就讓官員放假以便於歸鄉掃墓。據宋代《夢粱錄》記載：

每到清明節，官員和士庶都要出郊省墓，以盡思念之情。

參加掃墓的人也不限男女和人數，往往傾家出動。

這樣清明前後的掃墓活動，常常成為社會全體親身參與的事，數日內郊野間人群往來不絕，規模極盛。

清明節的祭祀活動，首推涉及千家萬戶的上墓祭掃。但除了上墳掃墓外，歷史上這一天還有一系列其他祭奠活動。

演化嬗變─隨俗雅化

首先是皇家祭陵，這一活動歷朝奠儀也不盡一致。如，西元639年唐太宗拜獻陵，規定帝謁陵，距陵5,000公尺處設有座位和齋室，還規定皇祖以上至太祖陵寒食日都要設祭。

除了皇家祭陵外，寒食清明較為隆重的祭儀為祭祀孔林。據《山東通志》與《曲阜縣誌》記載，曲阜孔林是孔子先師之墓，此地受天至精，純粹睿哲。

歷代規定這裡祀期為一年兩祀，即春用寒食節，冬用農曆十月朔日。奠儀由孔子後裔衍聖公主祭。

除孔林外，曲阜城東10多公里處有啟聖林廟，是孔子父親的葬地。這裡規定一年兩祭時間為春用清明節，冬用農曆十月初三，也由衍聖公主祭。由此可見，清明節從古至今就是華夏子孫的祭祀重要節日。

作為鬼節，清明之祭主要是祭祀祖先和去世的親人，表達祭祀者的孝道和對死者的思念之情。清明節屬於鬼節而通常不被冠以鬼節之名，就在於它所祭祀的主要是善鬼、家鬼，或親近者的亡魂，重在表達孝思親情。

而另外農曆七月十五日和十月初一兩個鬼節則連惡鬼、野鬼也一併祭祀，重在安撫鬼魂，不讓它們作祟。有些地方也有清明節祭祀其他鬼神的做法。

上海舊俗就有在清明節舉行的專祭厲鬼的祭臺會儀式，

祭祀那些餓鬼、幽鬼孤魂,防止它們成為惡鬼作亂。這種祭臺叫祭厲臺。

舊上海還有清明節的前一天迎請城隍神的做法。在清明節這天,城隍神要坐大轎出巡祭厲臺,以賑濟安撫孤魂野鬼,其場面盛大熱鬧。

清明祭祀的時間選在清明前後,各地有所差異。舊時,北京人祭掃墳墓不在清明當天,而在臨近清明的「單日」進行。只有僧人才在清明當天祭掃墳墓。

浙江麗水一帶則在清明節的前三天和後四天的範圍內掃墓,稱為「前三後四」。在山東,舊時,多數地區在清明當天掃墓,少數地區如諸城,在寒食這天掃墓,有些地方在清明前四天內掃墓。到了現代,一般都在清明這天去掃墓。

清明祭祀按祭祀場所的不同可分為墓祭、祠堂祭。以墓祭最為普遍。清明祭祀的特色就是墓祭。在墓地祭祀,祭祀者離祭祀對象最近,容易引起親近的感覺,使生者對死者的孝思親情得到更好的表達和寄託。

清明祭祀被稱為掃墓,主要是由於採取墓祭方式。另一種形式是祠堂祭,又稱廟祭,是一個宗族的人聚集在祠堂共祭祖先,祭完後要開會聚餐等,這種祭祀是團聚族人的一種方式。還有一種情況是家在外地工作的人不能趕回家鄉掃墓,就在山上或高處面對家鄉的方向遙祭。

演化嬗變─隨俗雅化

清明祭祀的方式各地有所不同,常見的做法有兩部分內容組成:一是整修墳墓,二是掛燒紙錢、供奉祭品。

掃墓時首先整修墳墓。其做法主要是清除雜草,培添新土。這種行為一方面可以表達祭祀者對亡人的孝敬和關懷,另一方面,在古人的信仰裡,祖先的墳墓和子孫後代的興衰福禍有莫大的關係,所以培墓是不可輕忽的一項祭奠內容。

過去由於寒食禁火的影響,紙錢不焚燒,而是掛在墓地的小樹上、竹竿上,或用石塊、泥土塊壓在墳墓邊。這樣,凡是祭掃過的墳墓就有紙幡飄飄,構成清明前後的特有景觀。沒有紙錢者,一般就是缺少後嗣的孤墳了。後來,人們在清明一般不再講究禁火,就把紙錢燒掉。舊時北京清明祭祖的主要形式是「燒包袱」。所謂「包袱」,被祭祀者當作從陽世寄往「陰間」的郵包。過去有賣所謂的「包袱皮」,即用白紙糊的一個大口袋。

這種口袋有兩種樣式:一種是有圖案的,用木刻版印上梵文音譯的〈往生咒〉,中間印蓮座牌位,寫上亡人的名諱,如「已故張府君諱雲山老大人」字樣。

另一種是素包袱皮,不印任何圖案,中間只貼一張藍籤,寫上亡人名諱。包袱裡裝有各種冥錢。所供奉的祭品主要是食品,品種各地不同,都是當地人認為的,並且按祭祀者的經濟能力能拿得出來的美味佳餚,或合於時令的特色食品。

寄託無限哀思的重大節日

【旁注】

《漢書》：又稱《前漢書》，由東漢時期的歷史學家班固編撰，是中國第一部紀傳體斷代史，「二十四史」之一。《漢書》是繼《史記》之後中國古代又一部重要史書，與《史記》、《後漢書》、《三國志》並稱為「前四史」。《漢書》全書主要記述了上起西元前206年，下至西元23年，共230年的史事。

《史記》：《太史公書》，後世通稱《史記》，是中國的第一部紀傳體通史，由漢代的司馬遷花了13年的時間所寫成的。《史記》與《漢書》、《後漢書》、《三國志》合稱「前四史」。《史記》全書共有本紀12篇，表10篇，書8篇，世家30篇，列傳70篇，全書共130卷，記載了中國從傳說中的黃帝到漢武帝後期長達3,000多年的歷史。

王建（約西元767年～約西元830年）：唐代詩人。家貧，「從軍走馬十三年」，40歲以後，才當上小吏，沉淪於下僚，任縣丞、司馬之類，世稱王司馬。他寫了大量的樂府，同情百姓疾苦，與張籍齊名。又寫過宮詞百首，在傳統的宮怨之外，還廣泛地描繪宮中風物，是研究唐代宮廷生活的重要材料。

唐太宗（西元599年～西元649年）：即李世民，唐朝第二位皇帝，年號貞觀。名字取意「濟世安民」之意。李世民不僅是著名的政治家、軍事家，還是一位書法家和詩人。他早

演化嬗變─隨俗雅化

　　年隨父親李淵進軍長安，率部征戰天下，為大唐統一立下汗馬功勞，被封為秦王、天策上將。他登基後開創了著名的貞觀之治，是後世明君之典範。

　　孔子（西元前551年～西元前479年）：名丘，字仲尼，春秋時期魯國鄒邑人，先祖為貴族。春秋末期的思想家和教育家、政治家，儒家思想的創始人。孔子集華夏上古文化之大成，是當時社會上的最博學者之一，被後世統治者尊為孔聖人、至聖、至聖先師、萬世師表，是「世界十大文化名人」之首。

　　紙幡：亦稱「紙引」，紙製的招魂幡。舊時喪家用紙作旗幡，上書死者名諱及生卒年月日，謂之招魂幡。元代無名氏在《小孫屠》戲文第十四齣有：「挑著個紙幡兒，招展著痛苦傷情。」之句。

　　往生咒：佛教淨土宗信徒經常持誦的一種咒語，也用於超渡亡靈。如要持誦往生咒，應該清淨三業，沐浴，漱口，至誠一心，在佛前燃香，長跪合掌，日夜各誦唸21遍。若此就可消滅四重罪、五逆罪、十種惡業，連毀謗大乘經典的罪都能消除。現世一切所求都能如意獲得，不被邪惡鬼神所迷惑。

寄託無限哀思的重大節日

【閱讀連結】

過去，山西晉南人則將掃墓的時間分為兩次。一次在清明前幾天，是各家分頭去掃墓。第二次是在清明當天，一個村裡同姓的各家派出代表，同去墓地祭祀共同的祖先。

上海人掃墓時間，新墳舊墳有別。凡是最近過世的，過了七七四十九天而沒做過超渡法事的，要在清明節這天請僧道誦經做法事或道場。

如果是老墳已做過法事或道場，掃墓不一定在清明當天，可以前後放寬些，但不能超出前7天後8天的範圍，俗謂：「前七後八，陰司放假。」意思是過早或過遲都會失靈。

演化嬗變—隨俗雅化

文化新景 —— 已然成節

到了宋元明清時期,清明節的一些習俗已經演變成豐富多彩的飲食習俗和民間娛樂活動。

飲食習俗主要展現在:滋身養體的吃青精飯食俗、始於宋代的吃青團食俗、吃螺螄清明果和潤餅菜食俗,以及種類豐富的老北京清明節寒食。節日習俗主要展現在:應時應景的清明賞花習俗、熱鬧非凡的清明蠶花會、城隍廟求願習俗等。

後世流傳下來的北宋張擇端的〈清明上河圖〉中描繪的就是北宋徽宗年間,清明時節東京汴梁汴河兩岸清明時節的繁華景象。

文化新景—已然成節

宋代清明節俗的進步發展

　　清明節自古以來便為歷代所重視。到了唐宋時期，掃墓、插柳，以及吃饊子、五侯鯖、食粥等節日習俗仍在繼續，並更趨盛行。

　　宋代江南詩派的重要人物高菊澗在〈清明〉一詩中就形象地描述了宋人清明上墳的情形：

南北山頭多墓田，清明祭掃各紛然。
紙灰飛作白蝴蝶，淚血染成紅杜鵑。
日落狐狸眠塚上，夜歸兒女笑燈前。
人生有酒須當醉，一滴何曾到九泉。

　　由此可見，寒食、清明節既是家家上墳、人人掃墓之日，同時又是生者相聚，親友相會之時。

　　在節日中，飲酒是不受限制的。此時的酒，是悼念的酒、祭奠的酒、思念的酒。人們除了在「江頭禊飲、踐踏青草」外，還在「芳樹之下，園圃之內，羅列杯盤，互相酬勸」。人們在節日中歡飲美酒，吃著節日美食，悠閒而自在。

　　據說，大文豪蘇東坡在徐州任職期間，特別喜食饊子，

他在〈寒具詩〉中寫道：

纖手搓成玉數尋，碧油煎出嫩黃深。

夜來春睡無輕重，壓扁佳人纏臂金。

由詩中足見饊子受歡迎的程度。自古文人總是借物抒懷，蘇東坡在〈次韻孔毅父集古人句見贈五首〉其二中生動地描繪了宋代人在清明節吃五侯鯖的感受。

紫駝之峰人莫識，雜以雞豚真可惜。

今君坐致五侯鯖，盡是猩唇與熊白。

路傍拾得半段槍，何必開爐鑄予戟。

用之如何在我耳，入手當令君喪魄。

清明節插柳是自古有之的傳統習俗，到了宋代仍在沿襲。蘇東坡在〈詠柳〉一詩中說道：

長恨漫天柳絮輕，只將飛舞占清明。

宋代詩人方岳在〈柳〉一詩中亦有這樣的詩句：

粥香餳白清明近，鬥挽柔條插畫簷。

此外，宋代著名詞人晏殊、晏幾道、柳永、方千里、陳允平、周邦彥、吳文英等也有寒食節詠柳不俗之作，如晏幾道〈浣溪沙·柳〉詞道：

二月和風到碧城，萬條千縷綠相迎，舞煙眠雨過清明。

妝鏡巧眉偷葉樣，歌樓妍曲借枝名，晚秋霜霰莫無情。

文化新景－已然成節

北宋著名詞人，婉約派創始人柳永的〈玉樓春·柳〉詞為：

黃金萬縷風牽細，寒食初頭春有味，殢煙尤雨索春饒，一日三眠誇得意；章街隋岸歡遊地，高拂樓臺低映水，楚王空待學風流，餓損宮腰終不似。

每年的清明節，皇宮內依然要舉行清明饋宴等娛樂活動。

北宋著名文學家歐陽脩，曾有幸參加在禁苑內皇帝寒食饋宴，有感而作〈三日赴宴口占〉詩寫道：

九門寒食多遊騎，三月春陰正養花。

共喜流觴修故事，自憐雙鬢惜年華。

可見，當時能享受朝廷饋宴之邀，實屬幸事。而宋政府對清明節的假期也有了相關規定。如，對產鹽區的居民有特別規定。

據《食貨志》記載：西元1008年，就是大中祥符元年，下詔瀘州南井灶戶，遇正、至、寒食，各給3天假。

南宋時期，清明實行禁火規定。著名詞人畫家周密在其《癸辛雜識》中，就記載了一段關於寒食節官家查處百姓對禁火執行情況的詳實故事。

《癸辛雜識》中講道：

綿上火禁，平常年月要禁火七天，喪亂之年則禁火三日。

宋代清明節俗的進步發展

寒食這一天,鄉里的社長一夥要挨家戶用雞毛查撥各家灶灰,一旦雞毛稍焦卷,說明這家沒禁火,就要罰香紙錢。

特殊有病及年老不能吃冷食者,要麼認罰,要麼就到介公廟求神卜卦。卜到吉卦,就可以燃用木炭,如卜到不吉,則寧讓死也不讓用火。百姓無奈,大冷天想吃點熱東西,或者把食物放在太陽下,或都把食器埋藏在羊馬糞窖中,以求保暖。

到了宋代後期,寒食節禁火的規矩就不那麼嚴格了。一些地方的民眾有在寒食節燒紙錢的,也有改在清明節取新火以後再去掃墓。

所以,過寒食節的習俗只在少數地方還保留著。由於寒食及禁火禁煙對人們的生活造成一些不便,一些地方過寒食節也只是清明節前的一天時間,有的地方甚至寒食節清明節都不分了。

發展到後來,寒食節已經完全被清明節取代。清明節假日期間掃墓、踏青、盪鞦韆等,已成了人們生活的一部分。

宋代,清明飲食習俗也發生了很大的變化。著名詩人楊萬里〈送新茶李聖俞郎中〉詩道:

細瀉谷簾珠顆露,打成寒食杏花餳。

金代詩人元好問的〈茗飲〉說道:

槐火石泉寒食後,鬢絲禪榻落花前。

一甌春露香能永,萬里清風意已便。

文化新景—已然成節

由此可見，飲茶這一習俗在宋代也是長興不衰。除了清明飲茶，在宋代鞦韆已成為專供婦女玩耍的遊戲，人們盪鞦韆是為了練習輕捷和矯健的能力。

由於清明盪鞦韆隨處可見，後世朝廷便把清明節定為鞦韆節，皇宮裡也安設鞦韆，供皇后、嬪妃、宮女們玩耍。由此可見，盪鞦韆已成為上至宮廷下至普通百姓，喜聞樂見的健康娛樂活動。

除了上述清明娛樂習俗，清明最重要的飲食習俗就是吃青精飯。

青精飯也叫烏米飯，是江蘇省的著名點心，是以烏飯樹之汁煮成的飯，顏色烏青，為當地居民寒食節的重要食品之一。主要是為滋補身體，祭祀祖先，相傳為道家所創。

青精飯原本是民間食品，早在唐代就已經產生了。唐代著名詩人杜甫在〈贈李白〉一詩句中就有「豈無青精飯，使我顏色好。」的詩名。全詩如下：

二年客東都，所歷厭機巧。
野人對羶腥，蔬食常不飽。
豈無青精飯，使我顏色好。
苦乏大藥資，山林跡如掃。
李侯金閨彥，脫身事幽討。
亦有梁宋遊，方期拾瑤草。

宋代清明節俗的進步發展

這是杜甫贈李白詩最早的一首。

天寶年間，杜甫在東都洛陽遇到由翰林供奉被放的李白，作此詩向他傾訴。自己在大都市厭倦了投機鑽營，也吃不慣朱門酒肉；他想學仙求道，像道家那樣食用青精飯以延年益壽。

但煉丹也得要大把銀子，學仙也學不成。哪如你李翰林是金門才彥，脫身俗務，不事權貴，整日在山林裡採藥尋仙。

在江蘇宜興、溧陽、金壇、南京和皖南一帶的農村，每逢農曆的四月初八，多數人家都會用烏飯樹葉煮烏米飯食用，清明節吃烏米飯也就逐漸形成習俗。

製作青精飯主要是用南燭木，南燭木也名「黑飯草」。青精飯的具體製作方法是採用南燭木的枝葉，搗成汁，用汁浸米，再蒸飯，晒乾。

關於「南燭木」，北宋的沈括在《夢溪筆談》中也有記載：

南燭草木，記傳、《本草》所說多端，多少有識者。為其作青精飯，色黑，乃誤用烏桕為之，全非也。此木類也，又似草類，故謂之南燭草木，今人謂之南天燭者是也。

南人多植於延檻之間，莖如蒴藋，有節；高三四尺，廬山有盈丈者。葉微似楝而小。至秋則實赤如丹。南方至多。

文化新景—已然成節

此外，古文獻中也有關於「南燭」的描述：

南燭產羅浮高處，初生三四年狀若菘，漸似梔子，二三十年成大株，蓋木而似草者也。葉似茗而圓厚，冬夏常青，枝莖微紫。

大者高四五丈，肥脆易折。子如茱萸，九月熟，酸美可食。昔朱靈芝真人，以其葉兼白粳米，九蒸暴之，為青精飯，常服，人稱青精先生。

今蘇羅謠人每以社日為青精飯相餉，師其法。蘇羅乃羅浮最深處。予詩：「社日家家南燭飯，青精遺法在蘇羅。」

青精飯的製作方法古今不一。有的先將米蒸熟、晒乾，再浸烏飯樹葉汁，復蒸復晒九次，所謂「九蒸九曝」，成品米粒堅硬，可久貯遠攜，用沸水泡食。

後來，在江南一帶，青精飯是清明當天做、當天吃，不「九蒸九曝」。具體做法是：初夏採烏飯樹葉洗淨，舂爛加少許浸泡米，待米呈墨綠色撈出略晾；再將青汁入鍋煮沸，投米下鍋煮飯，熟後飯色青綠，氣味清香。

青精飯之所以被稱為「烏飯」，是因其用烏飯樹的汁做配料。烏飯樹屬於杜鵑花科，一種常綠灌木，在中國的南北各地均有野生，在江淮一帶每到寒食節，人們便採樹葉煮成烏飯。

青精飯不僅為普通百姓家所需,更為神仙家垂青,久服可以益顏。「青精」二字,給予人色澤的樸素和質地的晶瑩堅硬感,如一粒粒青寶石。食用它的一定都是餐風飲露、辟穀食氣的仙人。

仙人們餓了還可以煮石頭充飢,裡面猜想會有叫「青精飯」的一類,一塊塊青色的石頭被煮熟了,溫潤而質雅,泛著幽幽的藍光。

青精飯在一些地區,還被用作清明節的供品。這個風俗的來源有兩種說法:

一種說法是為了紀念晉文公的臣子介之推。為紀念介之推,晉文公又下令把介之推被燒死的這一天定為寒食節,以後年年歲歲,每逢寒食節都要禁止生火,吃冷飯,以示追懷之意。

另一種說法認為,寒食節源於周代的禁火舊制。當時有逢季改火的習慣。春末出火,在這之前告誡人們禁止生火,要吃冷食。

南宋林洪在《山家清供》專科述了宋人山家飲饌,第一條就是「青精飯」。林洪提供了兩種說法:

青精飯首者,以此重穀也。按《本草》:南燭木,今名黑飯草。即青精也。採枝葉搗汁,浸米,蒸飯暴乾,堅而碧色。久服益顏延年。

文化新景―已然成節

　　仙方又有青精石飯，世未知石為何也。按《本草》：用赤石脂三斤、青粱米一斗，水浸越三日，搗為丸，如李大，日服三丸可不飢。是知石即石脂也。

　　二法皆有據，第以山居供客，則當用前法；如欲效子房辟穀，當用後法。

　　可知前一種是南燭木汁液浸米，蒸曝而成；後一種指叫青精的石頭做成的飯。明代楊慎《升庵詩話》也有「青精飯」一條，指前者：

　　青精飯，一名南天燭，又為「墨飯草」，以其可染黑飯也，道家謂之青精飯，故《仙經》謂此道：

　　服草木之正，氣與神通。食青燭之津，命不復隕。

　　「青精飯」本為道士所創，後被佛教居士所接受。李時珍在《本草綱目》卷中有記載：

　　此飯乃仙家服食之法，而今之釋家多於四月八日造之，以供佛。

　　青精飯古今作法不一，古代需九蒸九曝，可久貯遠攜，後來南方仍有此種小吃，只需將烏飯樹汁液入鍋煮米即可，米粒青瑩，氣味清香。

　　除了吃青精飯習俗，人們在寒食節也食各種花粥，最典型的要屬梅花粥。宋人楊萬里有〈寒食梅粥〉詩為證：

才看臘後得春饒，愁見風前作雪飄。

脫蕊收將熬粥吃，落英仍好當香燒。

可見，清明節的飲食習俗是隨著年代的變遷而越多樣化了。

【旁注】

九泉：指地下埋葬死人的地方，即陰間。因為九是數字單數中最大的數字，所以有「極限」之意。古人從打井經驗中獲知：當掘到地下深處時，就會有泉源。地下水從黃土滲出，帶有黃色，故叫黃泉。古人認為人死後要到很深地下的陰曹地府，就把「九」和「泉」相搭配，稱為九泉。

晏幾道（西元1030年～約西元1106年）：北宋詞人。他是北宋詞人晏殊第七個兒子。然而並不像晏殊在政治上有很高的地位，他只做過一些小官，如開封府判官、潁昌府許田鎮監、乾寧軍通判等。一般講到北宋詞人時，稱晏殊為大晏，稱晏幾道為小晏。《全宋詞》存錄有260餘首。

柳永（約西元987年～約西元1053年）：原名三變，字景莊，後改名永，字耆卿，排行第七，又稱柳七。北宋著名詞人，婉約派最具代表性的人物。是宋仁宗時期進士，官至屯田員外郎，故世稱柳屯田。他自稱「奉旨填詞柳三變」，以畢生精力作詞，並以「白衣卿相」自詡。其詞對宋詞的發展有

重大影響。

玉樓春：詞牌名。詞譜謂五代後蜀顧敻詞，起句有「月照玉樓春漏促」、「柳映玉樓春欲晚」句；歐陽炯起句有「日照玉樓花似錦」、「春早玉樓煙雨夜」句，因取以調名也稱〈木蘭花〉、〈春曉曲〉、〈西湖曲〉等。雙調56字，前後闋格式相同，各三仄韻，一韻到底。

歐陽脩（西元1007年～西元1072年）：字永叔，號醉翁，別號六一居士。諡號文忠，世稱歐陽文忠公，北宋卓越的政治家、文學家、史學家，「唐宋八大家」之一，與韓愈、柳宗元和蘇軾合稱「千古文章四大家」。一生的主要著作有《歐陽文忠公文集》153卷。另有他自己獨家編纂的《新五代史》74卷。

周密（西元1232年～西元1298年）：字公謹，號草窗，又號四水潛夫、弁陽老人、華不注山人，南宋詞人、文學家。宋德右間為義烏縣令，入元隱居不仕，自號四水潛夫。他詩文皆有成就，又工詩畫音律，尤好藏棄校書，著作頗豐，與吳文英並稱「二窗」，詞集名《蘋洲漁笛譜》、《草窗詞》。

楊萬里（西元1127年～西元1206年）：字廷秀，號誠齋，南宋傑出詩人，一生力主抗金，與尤袤、范成大、陸游合稱南宋「中興四大詩人」、「南宋四大家」。主要成就是創作抒發

宋代清明節俗的進步發展

愛國情思詩作4,200餘首。代表作品有〈初入淮河四絕句〉、〈舟過揚子橋遠望〉、〈過揚子江〉等。

杜甫（西元712年～西元770年）：字子美，自號少陵野老，世稱「杜工部」、「杜老」、「杜少陵」等。是盛唐時期偉大的現實主義詩人。杜甫被世人尊為「詩聖」，其詩被稱為「詩史」。杜甫與李白合稱「李杜」，為了跟另兩位詩人李商隱與杜牧即「小李杜」區別開來，杜甫與李白又合稱「大李杜」。

翰林：古代官名。是皇帝的文學侍從官，翰林院從唐朝起開始設立，始為供職具有藝能人士的機構。唐玄宗時，從文學侍從中選拔優秀人才，充任翰林但自唐玄宗後演變成了專門起草機密詔制的重要機構，院裡任職的人稱為翰林學士。明、清改從進士中選拔。

沈括（西元1031年～西元1095年）：字存中，號夢溪丈人，北宋科學家、改革家。晚年以平生見聞，在鎮江夢溪園撰寫了筆記體鉅著《夢溪筆談》。他是中國歷史上最卓越的科學家之一，精通天文、數學、物理學、化學、地質學、氣象學、地理學、農學和醫學；他還是卓越的工程師、出色的外交家。

林洪：字夢屏，宋代莆田，即今福建人，宋代著名詞人。唐代人王建曾作《宮詞一百首》，傳誦一時，後人頗多仿作。林洪也模擬寫作了《宮詞百首》，其詩詞描寫內容或為宮中瑣事，或稱頌太平盛世。

文化新景—已然成節

【閱讀連結】

　　清代吳熾昌在《客窗閒話》中記載了一個叫魏元虛的人，旅食燕趙間，獨居困頓。中秋之夜，一得道仙女來報答他前世之恩，但不肯與魏親近，只是對坐舉觴互酌，從筐裡拿出青精飯共食。

　　還有什麼飯食能配得上這樣不落俗套的仙女報恩的故事，和這樣不可褻玩的女子呢？但傳說終歸是傳說，不過青精飯確實本是道家在山中修練時日常所食，後來成為隱士逸人的「清供」食品。

　　後人詩句多有表現。趙翼曾摘錄〈放慵〉詩道：「道士青精飯，先生烏角巾」；黃庭堅有詩道：「飢蒙青精飯，寒贈紫駝尼。」

興盛於江南的吃青團食俗

清明時節，江南一帶有吃青團子的風俗習慣。青團，又叫清明果，是中國江南和上海一帶清明節時的祭祖食品之一，因為其色澤為青綠所以叫做「青團」。

青團外皮鬆軟肉體鬆糯，不甜不膩，味道清香有青草香氣，有點黏但不黏牙，青團的夾心多為豆沙。

青團始創於宋代，是清明節的寒食名點之一，當時叫作「粉團」，到了明清開始流行於江浙和上海，後來青團的祭祖功能逐漸淡薄，而更多的被人們把青團當作春天的時令點心來食用，也用以餽贈或款待親友。

青團子是用一種名叫「漿麥草」的野生植物，搗爛後擠壓出汁。接著取用這種汁，和晾乾後的水磨純糯米粉拌勻糅合，然後開始製作糰子。野菜主要是嫩艾、小棘姆草、泥胡菜、艾蒿和鼠麴草等。

泥胡菜氽水後色澤碧綠，以前常用，後來已不多見。放入小耳朵後，加入石灰蒸爛，漂去石灰水，揉入糯米粉中，做成呈碧綠色的糰子。

文化新景—已然成節

　　糰子的餡心是用細膩的糖豆沙製成，在包餡時，另放入一小塊糖豬油。團坯製好後，將它們入籠蒸熟，出籠時，用毛刷將熟菜油均勻地刷在糰子的表面，這便做好了。

　　青團油綠如玉，糯韌綿軟，清香撲鼻，吃起來甜而不膩，肥而不腴。青團還是江南一帶人用來祭祀祖先必備食品。正因為如此，青團在江南一帶的民間食俗中格外重要。

　　江南吃青團最早也可在周代找到線索，《周禮》記錄當時有「仲春以木鐸循火禁於國中」的規矩，於是百姓熄炊而「寒食三日」。

　　寒食三日充飢傳統食品中有一種「青精飯」，寒食節時，人們採摘陽桐葉，以細冬青染飯，所成之飯色青而有光。

　　當時這種青精飯用以祭祀，隨著製作方法的更新，後來逐漸轉變為青團。在當時的集市上也有賣青團熟藕的冷食，人們爭相購買後，將其作為祀先之品。

　　浙江省臨海市的青團上色一定要用一種叫「青」的野菜，蘇州、杭州這些地方一般用青菜汁、嫩絲瓜葉汁增色，將「青」煮熟搗成汁與糯米粉和在一起。

　　「青」也叫鼠麴草，正因為有了青，使得臨海的青團有別於其他地方的香味。臨海青團的餡料有鹹、甜兩個口味，甜的為豆沙，而鹹的則是豆腐乾丁、筍丁、肉丁、鹹菜等。

　　為了能使鹹甜兩種口味分別開來，清甜的包成圓的，而

興盛於江南的吃青團食俗

鹹的包成餃子狀。用鮮櫧樹葉墊到底下用蒸籠蒸15分鐘就完成了。

製作青團的方法有很多，其一是把艾草洗乾淨用水焯一下，在焯的時候，可以加一點點石灰水，這樣能去掉苦澀味，如果不加，就多洗幾遍。然後加點水，打碎就可以得到艾草汁了。

把糯米粉和黏米粉按3比1的量調好，加入艾草汁和成麵糰，然後加入豆沙餡，包成小孩拳頭大小的糰子。最後一道程序就是上火蒸。

蒸熟後把青團放涼了，就可以吃了。製作好的青團食用起來清甜甘香，軟糯可口，帶有艾葉香氣。

方法二是艾草摘取嫩莖和葉，洗淨後放入加有鹼水的沸水中，鹼水具有保持青綠顏色的作用，煮沸後待艾草變軟後撈出，濾出汁水待用。

做青團之前再用清水洗去鹼水，再把這些漂洗乾淨的艾草用紗布包著擠乾水分後用刀斬碎，再用手掰成一小戳一小戳待用。

糯米粉與秈稻粉以1比1的比例和好後加水和至半潮，把粉放入大蒸籠，粉頂上放艾草，開始放在鍋裡蒸熟。待鍋中的青團香味四溢時，就表明食物蒸熟了。

此時，就要端起蒸籠倒到石臼中，男人手握大石杵，先

文化新景—已然成節

用小氣拈，把艾草和粉拈在一起。拈完以後，男人搗、女人在一邊翻著粉。每搗一下就要翻一下蓋住搗出來的窟窿。

最後，粉變得黏滑、沒有顆粒感時，就可以拎到盆裡放在桌子上了。這時要趕緊趁熱「捉」，把這個半成品拉出來，再從拇指與食指間擠出一個小團，拍扁了裹上金黃色的松花粉，一個又香又滑又糯的青團就出爐了。

【旁注】

艾蒿：又名艾草，是一種多年生草本植物，分布於亞洲及歐洲地區。一般用於針灸術的「灸」。針灸分為兩部分，「針」就是拿針灸穴道，而「灸」就是拿艾草點燃之後去薰、燙穴道，穴道受熱固然有刺激，以達到「灸」和效果。中國民間用拔火罐治療風濕病時，以艾草作燃料效果更佳。

周代：中國歷史上繼商代之後的一個世襲王朝，分為西周、東周兩個時期。周王朝存在的時間從約前11世紀至西元前256年，共傳30代37王，共計存在約為791年。其中西周是中國第三個，也是最後一個世襲奴隸制王朝，其後秦漢開始成為具有從中央到地方的統一政府的國家。

《周禮》：儒家經典，西周時期的著名政治家、思想家、文學家、軍事家周公旦所著。《周禮》所涉及之內容極為豐富。大至天下曆象；小至草木蟲魚。凡邦國建制，政法文教，

興盛於江南的吃青團食俗

禮樂兵刑,賦稅度支,膳食衣飾,寢廟車馬,農商醫卜,各種名物、典章無所不包。堪稱為上古文化史之寶庫。

木鐸:木舌金鈴。據說在夏商周時期,就曾經有稱為遒人的政府官員,搖動木鐸,巡行於各地,既以宣達政令,又進行必要的採風。這些與古代新聞釋出與採集十分相似。

松花粉:又名松花、松黃,泛指馬尾松、油松、紅松、華山松和樟子松等松屬植物雄蕊所產生的乾燥花粉。始載於唐代的《新修本草》,為鮮黃色或淡黃色細粉,味甘平無毒,是中國傳統食品,一些傳統食物如松花糕、松花糰子、松花酒等仍新增松花粉。松花粉也有一定的藥用價值。

【閱讀連結】

在中國古代,每逢寒食節,人們便不生火做飯,只吃冷食。青團就是事先做好無需加熱的食品。或者根據各人喜好包裹進不同的餡料蒸製而成。

在中國其他地區也有類似的傳統糕點,製作方法及食用習俗與青團大同小異,皆為清明前後的糯米或黏米製食品。

在廣東及臺灣客家地區稱為「艾粄」,江西客家地區稱為「艾米果」,在閩南及潮汕地區稱為「艾粿」,而廣府地區則常稱作「艾餅」。

文化新景—已然成節

熱鬧非凡的賞花和鬭花會

每到寒食清明時節,真可謂是「春禽得意千般語,草卉無名百種香」。春風恰應時節,花開盡如人意。此種時節,正是人們遊春賞花的大好季節。

自古以來,中國民間就有「上有天堂,下有蘇杭」的說法。杭州清明節賞花,無疑要盛勝於其他地方。

寒食清明節賞花的品種有數十種之多。其中主要品種有杏花、海棠花、牡丹花、梨花以及杜鵑花等。

杏是中國著名的觀賞樹木,其花色又紅又白,胭脂萬點,花繁姿嬌,占盡春風。杏花可以配植於庭前、牆隅、道路旁、水邊,也可群植、片植於山坡、水畔。杏樹樹齡長,可活到一百年以上,是春季主要的觀賞樹種。

在元代詩人劉炳的〈寒食客秦淮〉中就有關於杏花的詩句:

今年寒食客秦淮,杏花李花無數開。

海棠花開嬌豔動人。由於花色豔麗,一般多栽培於庭園供綠化用。海棠花姿瀟灑,花開似錦,自古以來是雅俗共賞

的名花,素有「花中神仙」、「花貴妃」、「花尊貴」之稱,在皇家園林中常與玉蘭、牡丹、桂花相配植,「玉棠富貴」的意境。

海棠花常植於人行道兩側、亭臺周圍、叢林邊緣以及水濱池畔等。

明代僧人明秀〈過孫山人故居〉詩寫道:

燕子歸來寒食雨,春風開遍野棠花。

描述的就是寒食節時,野棠花盛開的景象。

牡丹花是中國固有的特產花卉,被擁戴為花中之王,有關文化和繪畫作品很豐富。作為中國國花,牡丹花有數千年的自然生長和兩千多年的人工栽培歷史。

其花大、形美、色豔、香濃,為歷代人們所稱頌,因而素有「百花之王」的美譽。

牡丹作為觀賞植物始自南北朝時期,文獻多有記載。在劉賓客的《嘉記錄》說:「北齊楊子華有畫牡丹」,牡丹既已入畫,其作為觀賞的對象已確切無疑,可見牡丹在中國至少已經栽培了1,400年。

到了唐代,牡丹栽培開始繁盛。牡丹花大色豔,品種繁多。

宋人毛滂在〈寒食初晴見牡丹作〉中就有這樣的佳句:

文化新景—已然成節

魏紫姚黃欲占春，不教桃杏見清明。

梨花，別名玉雨花、瀛洲玉雨，通常指梨樹上盛開的純白色的花，常見於古詩詞中。梨既是一種著名果樹，又是著名的觀賞植物。中國人民自古以來就喜愛梨花，並對其賦予了許多詩情畫意。

宋代詩人陸游有詩道：

粉淡香清自一家，未容桃李占年華。

常思南鄭清明路，醉袖迎風雪一枝。

在文人眼裡，梨花最宜月下或雨後觀賞。群植而遠觀效果則更好，梨樹的樹形亭亭玉立，花色淡雅，葉柄細長，春風過時，臨風葉動，響聲悅耳。

明代陳繼儒〈南都〉詩道：

寒食鬥雞歸去晚，院門新月印梨花。

這些詩句記述了當時古人在清明時節賞梨花的情景。

杜鵑花是中國十大名花之一，它在所有觀賞花木之中，稱得上花、葉兼美，地栽、盆栽皆宜，用途很廣泛。杜鵑花盛開之時，恰值杜鵑鳥啼之時，古人留下許多詩句和優美、動人的傳說，並有以花為節的習俗。

杜鵑花花繁葉茂，綺麗多姿，萌發力強，耐修剪，根樁奇特，是優良的盆景材料。

熱鬧非凡的賞花和蠶花會

唐代成彥雄〈杜鵑花〉詩道：

一聲寒食夜，數朵野僧家。

唐代詩人曹松〈寒食日題杜鵑花〉道：

一朵又一朵，並開寒食時。

在中國歷史上，曾出現過許多寒食節嗜好賞花之人。《花庵詞客》一書中，介紹北宋詞人仲殊，此人本是安州進士，因其妻以藥毒之，仲殊食蜜解毒。

蘇東坡念其大難不死，送其名為：「蜜殊」。仲殊後出家為僧，每年禁煙賞花時，即置酒接待賓客，還美名曰：「看花局」。仲殊一生填詞甚多，以小令〈訴衷情・寒食〉為最。

據說，大文學家蘇東坡在37歲時，有幸參加了杭州錢塘寺賞花會。兩年後，清明節發生一場雨雹，病中的蘇東坡擔心花存無幾，於是他寫了〈惜花〉詩一首：

吉祥寺中錦千堆，前年賞花真盛哉。
道人勸我清明來，腰鼓百面如春雷。
打徹涼州花自開，沙河塘上插花回。
醉倒不覺吳兒哈，豈知如今雙鬢摧。

由此可見，寒食清明之花在古人的眼中持久綻放，並讓後人在腦海中久久地回味。

除了清明節賞花，另一特有的民俗文化就是蠶花會。過

文化新景—已然成節

去清明節期間，在浙江梧桐、烏鎮、崇福、洲泉等地，都有此項民俗活動。其中，以洲泉的馬鳴廟和青石的雙廟諸的蠶花會最為精采隆重。

當地居民在每年清明夜開始設祭，襄白虎，齋蠶神等活動，期間要燒香祈蠶，抬著蠶花轎出巡，婦女、孩童沿途拜香唱曲，彙集普靜寺，俗稱「蠶花會」。

烏鎮有句民謠：

三月三、廟門開，鄉下蠶娘出門檻，東亦逛、西亦顛，軋朵蠶花回家來。

生動地再現了當地養蠶人的生活。烏鎮地處杭嘉湖平原腹地，栽桑養蠶已有上千年的歷史。古代人們養蠶靠天時，蠶農們為了祈求神靈的庇護，形成諸多的蠶鄉習俗。

蠶花會在香市期間，趕香市時，農村婦女們燒燒香，祭祭神靈，或添置一些蠶具、農具和日用品，除此之外還有一項很特別民俗活動，那就是在廟裡燒過香之後，還要到土地廟前面的水潭裡，洗洗手，俗稱「洗蠶花手」。據說，在那裡洗過手以後，養起蠶來就特別順手，蠶也會無病無災。

清明節這天，上午9時，桐鄉市洲泉鎮的水上蠶花會，在喧天的鑼鼓聲中也會拉開帷幕。古韻依舊的水上蠶花會吸引了當地幾萬名鄉民前來「捧場」。傳統手工繅絲、土布機織布、高桿船表演等一個個具有蠶鄉特色的節目，讓在場的觀

熱鬧非凡的賞花和蠶花會

眾拾回了兒時的記憶。

洲泉鎮的水上蠶花會起源於南宋年間，至今已有 800 多年歷史，是當地蠶農祈求蠶桑豐收的重要民俗儀式。以往，水上蠶花會都是蠶農們自發舉辦的，後來隨著經濟的發展，從事蠶桑業的村民越來越少，水上蠶花會就中止了。

後來，隨著民俗文化的發展，中斷了近百年的水上蠶花盛會得以恢復，水上蠶花盛會得以重現生機。

蠶花會雖然只有短暫的一天，卻是四方鄉民的狂歡節。很多蠶農為了趕赴盛會，天矇矇亮就徒步出發了。上午 9 時不到，小小的雙廟渚會場早已被萬名鄉民圍得水洩不通。

從儀式開始，圍在小河兩岸鄉民的笑聲就一直不斷，蠶神娘娘船、繅絲船、蠶凳龍船和拜香船讓人大開眼界，搖快船比賽更是讓鄉民們齊聲吶喊，而壓軸戲高桿船表演則把盛會推向了高潮。

表演者在數十公尺高的竹竿上表演了田雞伸懶腰、倒掛鋤頭等一系列高難度動作，驚險的表演讓萬名觀眾凝神屏氣。據了解，高桿船表演已傳承了七代，延續了 100 多年的歷史。

杭州桐鄉芝村有個龍船廟，蠶農在廟前河中集合，用兩船併在一起為祭壇，上供蠶神，設供品，祈求蠶業豐收。

然後是表演文藝節目，號稱蠶花盛會，實為祭蠶神儀

式。祭蠶是為了蠶業豐收，同時也有求子風俗，如蕪湖過「真清明」時，在前一天準備一個南瓜，第二天煮熟，夫妻對坐食南瓜，認為吃南瓜能生男孩。

有的地方舉辦蠶花盛會，規模特別龐大。由年輕女子扮演貌美如仙的「蠶花娘子」在數萬蠶農的簇擁下，沿街播撒蠶花。一時間，人們歡聲笑語，場面熱鬧非凡。

馬鳴廟位於洲泉鎮西，在當地有「廟中之王」之稱，每年蠶花會人山人海，活動頻繁，有迎蠶神、搖快船、鬧臺閣、拜香凳、打拳、龍燈、翹高竿、唱戲文等10多項活動。

這些活動有的在岸上進行，而絕大多數在船上進行，極具水鄉特色。後來烏鎮香市活動中的蠶花會，僅有迎蠶神、踏白船、翹高竿等幾個活動。

蠶花節也是新市鎮的一項傳統民俗活動。每年清明，蠶農們都要進城參加蠶花會，期望桑蠶豐收。

【旁注】

明秀：是明代著名的詩僧，號雪江，與鄭少谷、孫太初、沈石田諸人交往甚厚，族人出自海鹽王姓，出家於錢塘聖果寺。他在〈哭鄭善夫〉詩中有：「少谷高人無日起，百年清淚幾時收。嗚呼滄海談詩夜，翻作延陵掛劍秋。」的著名詩句。

毛滂（西元1056年～西元1124年）：字澤民，衢州江山

人。生於「天下文宗儒師」世家。他自幼酷愛詩文辭賦，哲宗元祐年間為杭州法曹，蘇軾曾加以薦舉，受知府蘇軾賞識並讚稱：「文詞雅健，有超世之韻。」一生仕途失意。毛滂詩詞被時人評為「豪放恣肆」，「自成一家」。

陸游（西元 1125 年～西元 1210 年）：字務觀，號放翁。南宋詩人。晚年退居家鄉，但收復中原信念始終不渝。創作詩歌眾多，今存九千多首，內容極為豐富。詞作量不如詩篇巨大，但和詩同樣貫穿了氣吞殘虜的愛國主義精神。著有《劍南詩稿》、《渭南文集》、《南唐書》、《老學庵筆記》等。

陳繼儒（西元 1558 年～西元 1639 年）：字仲醇，號眉公、麋公，明代文學家、書畫家。他工詩善文，擅長墨梅、山水，論畫倡導文人畫，持南北宗論，重視畫家的修養，贊同書畫同源。有《梅花冊》、《雲山卷》等傳世。著有《妮古錄》、《陳眉公全集》、《小窗幽記》。

曹松（西元 828 年～西元 903 年）：字夢徵，唐代晚期詩人。早年曾避亂棲居洪都西山，後依建州刺史李頻。李頻死後，流落江湖，無所遇合。西元 901 年，即光化四年中進士，時年已 70 多歲，特授校書郎而卒。主要成就有《曹夢徵詩集》，代表作品為〈己亥歲〉。

蘇東坡（西元 1037 年～西元 1101 年）：即蘇軾，字子瞻，號東坡居士，北宋文學家、書畫家。他仕途坎坷，學識

文化新景—已然成節

淵博,詩文書畫皆精,與歐陽脩並稱「歐蘇」,與黃庭堅並稱「蘇黃」;與辛棄疾並稱「蘇辛」;為「唐宋八大家」之一。他與黃庭堅、米芾、蔡襄等並稱「宋四家」。著有《蘇東坡全集》和《東坡樂府》等。

蠶娘:是指農家養蠶女。唐代趙氏在〈寄情〉一詩中有:「春風白馬紫絲韁,正值蠶娘未採桑。」的名句。前蜀貫休在〈春晚書山家屋壁〉詩中也有:「蠶娘洗繭前溪淥,牧童吹笛和衣浴。」的詩句。

白虎:在中國傳統文化中是指道教西方七宿星君四象之一。根據五行學說,牠是代表西方的靈獸,因西方屬金,色白,故稱白虎,代表的季節是秋季。二十八宿的西方七宿奎、婁、胃、昴、畢、觜、參,其形象虎,位於西方,屬金,主殺伐,色白,總稱白虎。

南宋:是北宋滅亡後宋室皇族在江南建立的政權。同時也是中國歷史上經濟發達、文化繁榮、科技進步的一個朝代。北宋滅亡後,趙構繼承皇位,史稱南宋。南宋是中國歷史上經濟最發達、古代科技發展、對外貿易、對外開放程度較高的一個王朝。

繅絲:將蠶繭抽出蠶絲的工藝概稱繅絲。原始的繅絲方法,是將蠶繭浸在熱盆湯中,用手抽絲,捲繞於絲筐上。盆、筐就是原始的繅絲器具。繅絲是製絲過程的主要程序。

繅絲方法很多，可分為浮繅、半沉繅、沉繅三種，按繅絲機械化程度的不同，可分為立繅和自動繅兩種。

【閱讀連結】

一些詩人在寒食清明節賞花，是從多角度、多層面觀賞的。

有人從每年種花的角度賞花道：「今日顏色好，明日風光別。年年送清明，一樹東闌雪」；有人從落花的角度感慨道：「節當寒食半陰晴，花與蜉蝣共死生」；有人則從惜花的心態品花：「好天良夜三通角，寒食清明一擲梭」；有人則從花的品姿欣賞道：「寒食花藏縣，重陽菊繞灣」等。

更有人因寒食節在新館看不到花，寫出〈思花〉的詩句道：「四圍擊柝鎖重扉，春去春來總不知。」

文化新景—已然成節

明清時期清明習俗的演變

明清時期，清明習俗在沿襲舊時的傳統外，又以前代的基礎得到了發展和普及。

掃墓歷來被視為清明節最重要的習俗。《清通禮》是把修整墳墓解釋為「掃墓」名稱的來由：

歲，寒食及霜降節，拜掃壙塋，屆期素服詣墓，具酒饌及芟剪草木之器，周胝封樹，剪除荊草，故稱掃墓。

西元1530年，明代帝詔令兩京國子監及天下郡縣都要建立啟聖祠奉祀。

此外，魯城東有顏林，是先師兗國公墓，墓祀日期也為一年兩次，即春用清明節，冬用孟冬朔日，由宗子博士主祭。據廣西梧州府《懷集縣誌》載，縣有孔公祠，每歲清明日與厲壇同日祭。

一些地方還在清明這一天，祭祀和本土相關的生前要人。如河南汝州郟縣西有三蘇祠，傳說宋代大文豪蘇東坡與其子邁皆文定公葬地。每逢清明節，這裡的守官和鄉民屆時要到墳地拜掃。

明清時期清明習俗的演變

清明節,舉國上下一致的祭奠活動首推祭厲壇。據各府州縣誌書,各地均設建厲壇。設建厲壇其因與詔文見於《明會典》。

西元1393年,明代在國內各府州和縣都建立厲壇,禮部曾頒發有定禮及欽定祭文。

按照各地誌書中載述,厲壇一般建在城北附近,每年清明日,農曆七月望日,農曆十月朔日致祭。

清明日祭祀前3日內,先由地方有司移牒城隍。到了祭祀那天,將城隍神奉請於厲壇內,讓其南向,無祀鬼神名位奉陪於左右兩側。老北京的清明節,有一個重要習俗,就是去城隍廟燒香叩拜求籤、還願、問卜。

城隍廟,起源於古代的水,即隍,庸,即城的祭祀,是《周宮》八神之一。「城」原指挖土築的高牆,「隍」原指沒有水的護城壕。

古人造城是為了保護城內百姓的安全,所以修了高大的城牆、城樓、城門以及壕城、護城河。他們認為與人們的生活、生產安全密切相關的事物,都有神在。

於是,城和隍被神化為城市的保護神。道教把祂納入自己的神系,稱祂是剪除凶惡、保國護邦之神,並管領陰間的亡魂。

文化新景—已然成節

在明清時期,老北京有七八座城隍廟,香火亦以那時最盛。城隍廟裡供奉的「城隍爺」,是那時百姓信奉灶王爺、財神爺外最信奉的神佛。

相傳,城隍爺就是紀信,秦末漢初時期劉邦的部將。西元前204年,紀信在滎陽城被圍時假扮作劉邦的模樣而讓劉邦逃脫,自己也因此被俘,後被項羽處死。

劉邦戰勝項羽後,建都長安,在慶功會上想起了紀信的功勞,就對滿朝文武大臣說:「紀信功高德重,沒有他獻計獻策,怎能有我劉邦的今天?我封他為督城隍,把他的家鄉改名為我先前的封號——漢王,把他的骨灰送家鄉安葬,並建廟塑像,永遠享受香火。」

後來劉邦還下令全國各縣城建城隍廟。故後人稱紀信廟為「城隍廟」,紀信塑像為「城隍老爺」。

城隍廟在每年的清明節開放時,人們紛紛前往求願,為天旱求雨,出門求平安、有病企求康復,為死者祈禱冥福等諸事焚香拜神。那時廟會內外異常熱鬧,廟內有戲臺演戲,廟外商品貨物雜陳。

舊時還有城隍爺出巡之舉。屆時,人們用八抬大轎抬著用藤製的城隍爺在城內巡走,各種香會相隨,分別在城隍爺後賽演秧歌、高蹺、五虎棍等,邊走邊演,所經街市觀者如潮。場面十分熱鬧。

民間還有一首雜詠詩寫道：

神廟還分內外城，春來賽會盼清明。

更兼秋始冬初候，男女燒香問死生。

說的就是清明節這一古老習俗。

古城西安的清明節，人們也習慣於去都城隍廟求願。都城隍廟始建於明代，是當時天下三大城隍廟之一，統轄西北五省，故稱「都城隍廟」。

廟裡主要供奉古城西安的保護神城隍老爺，主管功名科舉的文昌帝君，忠義無雙的關聖帝君，賜人子嗣的九天聖母，送子娘娘，保佑健康長壽的藥王孫思邈和有求必應的呂洞賓祖師等。

清代重修後的都城隍廟，煥然一新，整座廟觀布局整體左右對稱，規模宏大，雕梁畫棟，巧奪天工，是一座建築藝術的寶庫，也是道教文化的聖地。真可謂是信徒眾多，香火鼎盛。

如果適逢都城隍廟的「癸巳年清明節冥陽普福法會暨忠孝祠開放典禮」，那便是非常幸運的事了。

屆時，笙鼓齊鳴。大殿裡，城隍老爺端坐正中，四大金剛分列兩邊，威嚴莊嚴。穿紅衣道袍的道士們面對莊嚴祖師，齊聲誦讀，時而跪拜，時而吟唱，手裡鐘鐃鈸磬齊響仙樂錚錚。

文化新景—已然成節

旁觀者聽不懂吟唱的內容，也看不懂法會的儀式含義，卻能感受到道家法會的莊嚴和神祕。

法會通常要舉行一個多小時才宣告結束，雖然人不太多，但來的人都有莊嚴之心。人們趕在清明，在都城隍廟燃一炷香，寄託對逝者的哀思，對生者的祈福。

清明踏青依舊是國人經久不衰的活動之一。一些文人雅士多選擇在清明節這天出遊。

歷史上曾是遼金別都之城蕭太后故居，後又名梁氏國，明代文學家劉定元在清明節到此一遊，寫有〈遊梁氏園記〉名篇。

明代文學家袁宏道，於清明日有幸與曾太史等陪祀昭陵，隨之謁皇明諸陵看山，而後寫成〈陪祀昭陵看山記〉。

明代詩人周憲王〈和白香山何處難忘酒〉，一鼓作氣寫出六首。第一首詩道：

何處難忘酒，年光似擲梭。
清明憐已過，春色苦無多。
席上紅牙板，花前皓齒歌。
此時無一盞，爭奈牡丹何。

周憲王惜清明時節的感受，較前輩白居易有過之而無不及。

河南府城北 5,000 公尺處有山曰北邙山，又名太平山。該地為東洛九源之地，歷史上有多次戰爭發生在這裡。

明代巡撫張楷在清明節時，來到此處，揮毫寫下〈和王仲初北邙行〉：

貴賤終歸一杯土，請看北邙山上墓。
墓地漸多閒地稀，卜兆誰能擇佳處。
舊墳十家九磨滅，愁殺清明二三月。
新墳添土祭奠回，紙錢獵獵燒墳臺。

除了踏青春遊，宮廷內外至民間在清明期間亦盛行折柳、盪鞦韆、鬥雞、打馬球、放風箏等娛樂活動。

明詩人黃世康〈新柳篇〉詩句道：

離亭欲折未堪折，昨夜迴風復回雪。
黯黯妝成寒食天，毵毵怯近清明節。

這首詩即是對清明折柳習俗的生動描述。

明代才子唐伯虎曾經寫過一首〈鞦韆詩〉。詩道：

二女嬌娥美少年，綠楊影裡戲鞦韆。
兩雙玉腕挽復挽，四隻金蓮顛倒顛。
紅粉面對紅粉面，玉酥肩共玉酥肩。
遊春公子遙鞭指，一對飛下九重天。

文化新景—已然成節

而在宮廷之中,清明鬥雞娛樂更加普及。明代文學家、畫家陳繼儒反映南部官紳生活詩作,就有關於寒食鬥雞的描述:

太平風景是京華,白馬黃衫七寶車。
寒食鬥雞歸去晚,院門新月印梨花。

明代詩人陳悰有〈天啟宮詞〉鬥雞篇的詩句:

宮人相約鬥雞來,籠幔青紅背面開。
四百喙殘高唱歌,當場雙繫彩球回。

這首詩非常形象化地描述了當時宮廷內鬥雞熱鬧非凡的場景。

明代,馬球仍然很流行。《續文獻通考·樂考》記載,明成祖曾數次往東苑擊球、射柳。明〈宣宗行樂圖〉長卷中,繪有宣宗賞馬球之場面。

古時,在北京的白雲觀前,也有群眾騎馬擊球之典。清代天壇一帶也還有馬球運動,直至清中葉之後,馬球才消失了。

吃青精飯的習俗在這一時期也得到了沿襲。明末張岱在《夜航船》中有「青精飯」一條,當指後者:

道士鄧伯元受青精石,為飯食之,延年益壽。

明清時期清明習俗的演變

張岱之說，已見於宋梁克家《淳熙三山志》的記載：鄧伯元、褚伯玉、王玄甫等人在霍童山上，「授『青精飯食、白霞丹景』之法，見五臟，夜中能書。」

董其昌在《畫禪室隨筆》又有另一說辭：

王烈入太行山，忽聞山如雷聲。往視之，裂百餘丈。一徑中有青泥流出，烈取摶之，即堅凝，氣味如香粳飯。

清代顧祿《清嘉錄》記載：

四月八日，市肆煮青精飯為糕式，居人買以供佛，名曰「阿彌飯」，亦名「烏米糕」。

清代詩人袁枚的《隨園食單》還記載有用青精飯做的「溧陽烏飯酒」，頗似女兒紅：

余素不飲。丙戌年，在溧水葉北部家，飲烏飯酒至十六杯，傍人大駭，來相勸止。而余猶頹然，未忍釋手。其色黑，其味甘鮮，口不能言其妙。

據云溧水風俗：生一女，必造酒一罈，以青精飯為之。俟嫁此女，才飲此酒。以故極早亦須十五六年。打甕時只剩半壇，質能膠口，香聞室外。

清代，隨著火柴從國外的引進，每到清明時節，人們不再需要像過去那樣，把燒紅的木炭放在火灰中保留火種，取火的方法及過程越來越簡單，新火和舊火沒有多少區別。故而清明保留火種的習俗逐漸被淡忘。

文化新景——已然成節

在中國民間,清明時節,還有吃螺螄的習俗。因為這時正是採食螺螄的最佳時令,因這個時節螺螄還未繁殖,最為豐滿、肥美,故有「清明螺,抵隻鵝」之說。

螺螄食法頗多,可與蔥、薑、醬油、料酒、白糖同炒。也可煮熟挑出螺肉,可拌、可醉、可糟、可熗,無不適宜。若食法得當,真可稱得上「一味螺螄千般趣,美味佳釀均不及」了。

關於清明節吃螺螄的習俗,還有一個來歷。在清明節前後,潛伏在泥中休眠的螺螄紛紛爬出泥土。此時,螺螄還未繁殖,最為肥美。人們用針挑出螺螄的肉烹食,俗稱「挑青」。

吃後將螺螄殼扔到房頂上。據說,螺螄殼在屋瓦上發出的滾動聲能夠嚇跑老鼠,有利於清明後養蠶。

在浙江南部各地的居民還有吃清明果的食俗。清明果的選材主要是田野裡的棉菜和糯米粉。

棉菜又稱「鼠麴草」,中草藥書上稱「佛耳草」,具有止咳化痰的作用。把棉菜拌以糯米粉搗柔,餡以糖豆沙或白蘿蔔絲與春筍,製成清明果蒸熟,其色青碧,吃起來格外有味。

清明果形狀有些像餃子,但其與餃子的味道卻截然不同。清明果的皮是一種叫艾葉的植物做成的。艾是一種多年生草本植物,開黃色小花,葉小形如菊科植物。

明清時期清明習俗的演變

每年清明前，女人們手提竹籃，三五成群地來到田野採摘艾葉。青鮮的艾葉滿滿地堆在籃子裡，煞是誘人。艾葉採回家以後，女子們便開始了製作清明果的繁雜程序。她們就像魔術師，青青的艾草一轉眼就變成美味可口的清明果。

此外，每到清明時節，泉州等地的居民還有吃潤餅菜的食俗。據說，這是古時寒食節食俗的遺風。潤餅菜的正名應是春餅。清明吃潤餅，不僅是泉州獨有的，廈門人也喜好食之。

相傳，開這種吃法之先河的，是明朝總督雲貴湖廣軍務的同安人蔡復一。當時同安屬泉州府轄，因此這種吃法便流傳開來，在閩南成了家常名品。不過，閩南各地的春餅形式相同，食材卻有很大不同。

泉州的潤餅菜是以麵粉為原料擦製烘成薄皮，俗稱「潤餅」或「擦餅」，食時鋪開餅皮，再捲胡蘿蔔絲、肉絲、蚵煎、芫荽等混鍋菜餚，製食皆簡單，吃起來甜潤可口。

晉江的潤餅菜卻複雜得多，那包潤餅菜的主料多樣，擺了滿滿一桌。有主料菜餚，即豌豆、豆芽、豆干、魚丸片、蝦仁、肉丁、海蠣煎、蘿蔔菜。還有一些配料，即油酥海苔、油煎蛋絲、花生敷、芫荽、蒜絲。

吃餅的時候，必須兩張潤餅皮才能保證其不被豐富的食材所撐破。潤餅皮脆嫩甘美、醇香可口。清明節吃潤餅菜的

文化新景—已然成節

習俗一直延續下來。

早在宋朝的清明節，除了街市上所賣的稠餳、麥糕、乳酪、乳餅等現成的食品之外，百姓人家還自製一種燕子形的麵食，稱為「棗錮飛燕」，據說是從前用來祭拜介之推的祭品。

明朝人還會留下一部分的棗錮飛燕，到了立夏，用油煎給家中的孩童吃，據說吃了以後，可以不蛀夏。

清明是福州民間的一個重要節日。掃墓的供品並不複雜，只有光餅、豆腐和麵點等，但有一主味是絕對少不了的，即福州特製的「菠菠粿」，也叫「清明粿」，這是福州特有的清明節供品。

是用菠菜，即生長於南方的一種野菜，可食，味甘，性涼，搗爛壓成汁呈青綠色。把菠菜壓榨成汁，滲入米漿內揉成粿皮，以棗泥、豆沙、蘿蔔絲等為餡捏製而成。造型比較簡單，菠菜的青綠色賦予菠菠粿春天的綠意。

關於這一習俗，在宋、元、明三朝未見記載，大約在清代乾隆以後才逐漸興起。考其淵源，應由「寒食」和「青飯」演變而來。

寒食的食物各地不同，《淳熙三山志》記載，福州：

州民踏青，東郊尤盛，多拾野菜煮臛，謂之煮菜臛，亦唐人杏粥、榆羹之意也。

即野菜和肉羹一起煮成的菜粥。菠是福州出產的野產,「菜菠菠粥」後來就演變成「菠菠粿」。

至於「青飯」風俗則源於任敦食枳葉染飯成仙的故事。這風俗流傳福州已有悠久歷史,《三山志》記載:

南枳木冬夏常青,取其葉搞碎漬米為飯,染成紺青之色,日進一合,可以延年。

「南枳」就是現在的烏飯樹。

【旁注】

厲壇:是祭無祀鬼神的壇。《明史・禮志四》:「厲壇:泰厲壇祭無祀鬼神。《春秋傳》曰:『鬼有所歸,乃不為厲』,此其義也。《祭法》,王祭泰厲,諸侯祭公厲,大夫祭族厲……洪武三年定制,京都祭泰厲,設壇玄武湖中,歲以清明及十月朔日遣官致祭。」

城隍:又稱城隍爺,是冥界的地方官,職權相當於陽界的城市長官。城隍產生於古代祭祀而經道教衍生的地方守護神。城隍本指護城河,祭祀城隍神的例規形成於南北朝時。唐宋時,城隍神信仰滋盛。宋代列為國家祀典,元代封之為佑聖王。明初,大封天下城隍神爵位,分為王、公、侯、伯四等。

文化新景—已然成節

　　文昌帝君：民間和道教尊奉的掌管士人功名祿位之神。文昌本星名，亦稱「文曲星」或「文星」。古時認為是主持文運功名的星宿。

　　孫思邈（西元581年～西元682年）：著名的醫師與道士，是中國乃至世界史上偉大的醫學家和藥物學家，被後人譽為「藥王」，許多華人奉之為「醫神」。孫思邈對故典醫學有深刻的研究，對民間驗方十分重視，一生致力於醫學臨床研究，對內、外、婦、兒、五官、針灸各科都很精通。

　　法會：又作法事、佛事、齋會、法要，佛教儀式之一。是講說佛法及供佛施僧等所舉行之集會。即聚集淨食，莊嚴法物，供養諸佛菩薩，或設齋、施食、說法、讚嘆佛德。印度古來即盛行此類集會，其種類名目甚多。

　　道士：道教的神職人員。他們因信仰道教而皈依之，履行入教的禮儀，自覺自願地接受道教的教義和戒律，過那種被俗世視為清苦寂寞而他們卻視為神聖超凡的宗教生活。同時，道士作為道教文化的傳播者，又以各種帶有神祕色彩的方式，布道傳教，為其宗教信仰盡職盡力。

　　蕭太后（西元953年～西元1009年）：即蕭綽，中國遼代女軍事統帥、政治家。小字燕燕，遼朝皇太后，遼景宗耶律賢的皇后，在民間戲曲中被稱為蕭太后。西元969年，她被冊封為皇后，因遼景宗體弱多病，所以蕭綽多臨朝攝政，

景宗去世,年僅 35 歲。蕭綽在母寡子幼的情況下穩定了遼朝局勢。

周憲王(西元 1379 年～西元 1439 年):朱有燉,號誠齋,又號錦窠老人、全陽道人、老狂生、全陽子、全陽老人。明代雜劇作家。安徽鳳陽人。明太祖朱元璋第五子朱橚的長子。襲封周王,死後諡憲,世稱周憲王。他為了避禍,遠離政治,專意戲曲和戲曲創作。作有雜劇 31 種,均存。詩文集有《誠齋集》。

巡撫:古代官名,又稱撫臺,明清時地方軍政大員之一,巡視各地的軍政、民政大臣。清代巡撫主管一省軍政、民政。以「巡行天下,撫軍按民」而名。清代,地方大員的品級為:總督、巡撫,總督官銜略高於巡撫,前期督權遠過於撫。北周與唐初均有派官至各地巡撫之事,係臨時差遣。

明成祖(西元 1360 年～西元 1424 年):即朱棣,明朝第三位皇帝,明太祖朱元璋第四子。生於應天,時事征伐,受封為燕王,指揮了洪武朝的第七次和第八次北伐,並取得大勝。他在位期間由靖難之後的瘡痍局面發展至經濟繁榮、國力強盛,史稱「永樂盛世」。他一生文治武功赫赫。原廟號太宗,後由明世宗改為成祖。

張岱(西元 1597 年～西元 1679 年):又名維城,字宗子,又字石公,號陶庵、天孫,別號蝶庵居士,晚號六休居士,

> 文化新景—已然成節

是明末清初文學家、史學家,其最擅長散文,著有《瑯嬛文集》、《陶庵夢憶》、《西湖夢尋》、《三不朽圖贊》、《夜航船》等絕代文學名著。

董其昌(西元 1555 年～西元 1636 年):字玄宰,號思白、香光居士,明代書畫家。萬曆年間進士,授翰林院編修,官至南京禮部尚書,卒後諡文敏。擅畫山水,是「華亭畫派」傑出代表。書法自成一格,能詩文。存世作品有〈巖居圖〉、〈秋興八景圖〉等。著有《畫禪室隨筆》、《容臺文集》等,刻有《戲鴻堂帖》。

袁枚(西元 1716 年～西元 1797 年):字子才,號簡齋,晚年自號倉山居士、隨園主人、隨園老人。清代詩人、散文家。乾隆年間進士,歷任溧水、江寧等縣知縣,有政績,40 歲即告歸。在江寧小倉山下築築隨園,吟詠其中。袁枚是乾嘉時期代表詩人之一,與趙翼、蔣士銓合稱「乾隆三大家」。

總督:清朝統轄一省或數省行政、經濟及軍事的長官,尊稱為「督憲」、「制臺」等,官階為正二品,但可透過兼兵部尚書銜高配至從一品。與只掌握一省行政事務的巡撫不同,總督兼管數省,同時在政務之外也兼掌軍務。

蔡復一(西元 1577 年～?):字敬夫,號元履,福建同安人。自幼聰明過人,12 歲便寫出萬餘言的《范蠡傳》。蔡復一為官忠直,博學多才,工詩、能文,著作頗豐,主要有《遯

庵文集》、《詩集》、《督黔疏草》、《雪詩編》、《駢語》、《楚愆錄》、《毛詩評》、《續駢語》等。

《淳熙三山志》：現存宋元37種方志之一，是宋代州一級方志的代表。它與泉州人黃岩孫在擔任仙遊縣尉時修撰的《仙溪志》、汀州州學教授趙與沐編修的《臨汀志》一同成為福建現存最早的三部宋代方志。而在這三部方志中，又以《淳熙三山志》為最早，並且內容更為龐大。

【閱讀連結】

在清代的清明節美食中，以「李鴻章大雜燴」最為著名。

據說，光緒年間，李鴻章訪美，曾以中國菜宴請美國政要，菜餚中即有李鴻章的家鄉菜大雜燴，美國客人覺得非常好吃，便問此菜名，李鴻章告之。後來，人們就把這道菜稱之為「李鴻章大雜燴」。

「李鴻章大雜燴」的食材大略有魚翅、海參、魷魚、魚肚、干貝、雞肉、豬肚、火腿、魚肉、冬菇、鴿蛋、腐竹、玉蘭片等，作法也複雜，遠非百姓人家所謂「折羅」可比。

李鴻章名著「雜燴」，雖有些無厘頭，但觀其一生，其調和才能，亦值得後世人讚賞。

文化新景—已然成節

獨特的老北京清明節涼食

傳統的寒食又稱「換火節」，說的是家家戶戶燒了一冬的爐膛，開春後要滅火清理了，所以家裡停火一兩天，只能吃涼食了。

在眾多的清明節涼食中，最出名的要屬老北京的涼食全。老北京的涼食品味獨特，種類齊全，最著名的要屬「寒食十三絕」了。

所謂十三絕，就是指薑絲排叉、硬麵餑餑、焦圈、糖卷果、豌豆黃、艾窩窩、馬蹄燒餅、螺螄轉兒、饊子麻花、驢打滾、糖耳朵、糖火燒和芝麻醬燒餅等 13 種食品。

薑絲排叉。又叫「薑汁排叉」、「薑酥排叉」、「蜜排叉」。它不但是北京傳統小吃，也是北京茶菜的一個種類。

茶菜是滿族、回族禮儀性食品。滿族人在設席宴客時，習慣用茶及茶食為先，然後才是冷葷、熱菜、甜食、湯等，一定按順序上。回族人不善飲酒，但為了禮節，多以茶代酒，因而茶菜是必不可少的。

硬麵餑餑。是過去北京小吃中，夜間供應的一種麵食，也是常見種類。硬麵餑餑是一種似燒餅大小的混糖戧麵火

獨特的老北京清明節涼食

燒，入口有咬勁，微甜且香，用手一掰掉渣。

由於人們生活習慣改變、生活水準的提升，走街串巷賣小吃的減少，後來已經很少能見到了。

老北京的焦圈，男女老少都愛吃，酥脆油香的味兒，真叫人吃不夠。北京人吃燒餅，常愛夾焦圈，喝豆汁也必吃焦圈。

焦圈是一種古老食品，製作比較麻煩，由於效率太低，一般小吃店不願製作。說到炸焦圈，北京人都知道一個「焦圈俊王」。

他的技術是一般人不能相比的，炸出的焦圈個個棕黃，大小一般，特別是具有香、酥、脆的特點，放在桌上，稍碰即碎，絕無硬艮的感覺。

糖卷果，是最具特色的清真節日食品，也是北京風味小吃中的名品，主料為山藥和大棗，配以青梅、桃仁、瓜仁等輔料，具有滋補作用，同時糖卷果也是一道藥膳。

豌豆黃。是北京春夏季節的一種應時佳品，主料為去皮老豌豆、瓊脂、白砂糖、清水和鹼麵。

按北京習俗，農曆三月初三要吃豌豆黃。因此，每當春季豌豆黃就上市，一直供應到春末。北京的豌豆黃分為宮廷和民間兩種。

豌豆黃原為民間小吃，後來才傳入宮廷。清官的豌豆

文化新景─已然成節

黃，用上等白豌豆為原料，做出成品色澤淺黃、細膩、純淨，入口即化，味道香甜，清涼爽口。因慈禧喜食而出名。

其製法是，將豌豆磨碎、去皮、洗淨、煮爛、糖炒、凝結、切塊而成。傳統作法還要嵌以紅棗肉。

民間的糙豌豆黃兒是典型的春令食品，常見於春季廟會上。例如在三月三蟠桃宮，「小棗糙豌豆黃兒」便是時令鮮品。

艾窩窩。是北京古早味小吃，也屬春秋食品，後來一年四季都有供應。艾窩窩原為「御艾窩窩」，後來在明代由宮廷傳入民間。

每年農曆春節前後，北京的小吃店要上這個種類，一直賣到夏末秋初。艾窩窩歷史悠久，明代萬曆年間內監劉若愚的《酌中志》中說：

以糯米夾芝麻為涼糕，丸而餡之為窩窩，即古之「不落夾」是也。

艾窩窩作為老北京清真風味小吃，曾有詩道：

白黏江米入蒸鍋，雜錦餡兒粉麵搓。

渾似湯圓不待煮，清真喚作艾窩窩。

它的特點就是色澤潔白如霜，質地細膩柔韌，餡心鬆散甜香。

獨特的老北京清明節涼食

　　同樣切糕也是深受老百姓喜愛的老北京清真風味小吃，特別是到了年節，切糕一定是老百姓必吃的食物，主要是為了取個吉利，因為切糕有「年年高」之意。

　　馬蹄燒餅。因有兩層薄皮，內空，形似馬蹄得名。

　　商河馬蹄燒餅歷史久遠，相傳在清道乾隆年間就已享有盛名。

　　據載，清朝末年，在縣城經營馬蹄燒餅的張氏家族和懷仁鎮某村的康氏家族，名氣頗大。他們所製燒餅經常被過往商人帶往外地和京城，從此後「馬蹄燒餅」不脛而走。

　　據傳，乾隆皇帝下江南時，馬蹄燒餅和糖酥火燒曾作為貢品呈獻給乾隆皇帝，備受皇帝和大臣們的讚賞。由此可見馬蹄燒餅和糖酥火燒，早就是遠近聞名和備受喜愛的商河名吃了。

　　螺螄轉兒。是北京特色風味小吃，有甜鹹兩種。原料為芝麻醬、麵粉、芝麻油、鹼麵、花椒鹽、老酵。螺螄轉兒因其形似而得名，質地鬆軟，表皮酥脆，味鹹香而可口。

　　饊子麻花。古名為「環餅」、「寒具」。明代李時珍的《本草綱目‧穀部》中，十分清楚地介紹說：

　　寒具即食饊也，以糯粉和麵，入少鹽，牽索紐捻成環釧形，入口即碎脆如凌雪。

文化新景—已然成節

可見饊子麻花的古老。

饊子麻花是北京清真小吃中的精品，很受百姓歡迎，它的製作比較麻煩。在事先將礬、鹼、紅糖、糖桂花放在盆內用溫水溶化，再將麵粉倒入和均勻，和好後搓長條盤起來餳一會兒，然後揪成40克一個。饊子麻花質地酥脆，香甜可口。

據說遠在戰國時期就有環餅，秦漢以來成為寒食節的必吃食品。

饊子麻花是用發酵麵揉擰成麻花形，炸製而成，是遍及全國各地的小食品。其歷史悠久、源遠流長。古代將麻花、饊子作為寒具的代表，寒食節禁火之日，多食此品。

到了清代，據御膳房食單記載：西元1785年，也就是乾隆十九年三月十六總管馬國用傳，皇后用野意果桌，一桌十五品。其中就有「發麵麻花」作點心。

大約從清代起才將麻花和饊子分立，麻花較硬而粗，饊子細而散，但都是油炸食品。

著名的天津桂花發祥麻花，就是用發酵麵加芝麻、青梅、糖薑、桃仁等果脯，經過搓擰，油炸而成。但也有被稱為「饊子麻花」的，如天津的王記剪子股麻花，就因條散而不亂，麻花肌不擰緊在一起而得名。

驢打滾，又稱「豆麵糕」，是北京小吃中的古老品種之

獨特的老北京清明節涼食

一,它的原料是用黃米麵加水蒸熟,和麵時稍多加水和軟些。另將黃豆炒熟後,軋成粉麵。

製作時將蒸熟發黃米麵外面沾上黃豆粉麵擀成片,然後抹上赤豆沙餡或紅糖捲起來,切成100克左右的小塊,撒上白糖就成了。

在廟會上經營此業的多是回民。叫賣者只用一輛手推車,車上的銅活擦的鋥光瓦亮,引人注目,以招徠生意。

豆麵糕以黃豆麵為其主要原料,故稱「豆麵糕」。但為什麼又稱「驢打滾」呢?似乎是一種形象比喻,製成後放在黃豆麵中滾一下,如郊野真驢打滾,揚起灰塵似的,故而得名。

糖耳朵是北京小吃中常見名品,又稱蜜麻花,因為它成形後形狀似人的耳朵得名。前人有詩說:

耳朵竟堪作食耶?常偕伴侶蜜麻花,

勞聲借問誰家好,遙指前邊某二巴。

蜜麻花顏色棕黃,質地酥脆,香甜可口,男女老少都愛吃,有人形容說「嚼著驚動十里人」,可見其受大眾歡迎的程度。

糖火燒。是北京人常吃的早餐小吃之一,已有300多年歷史,以大順齋的糖火燒最出名。

要先將紅糖加麵粉搓散烤熟,加入麻醬、桂花、油,和成芝麻醬餡;用乾麵粉加發麵,發酵後對鹼。醒麵後,將麵

文化新景─已然成節

搓成0.5公斤一塊的長條,然後甩成柵子,抹上糖醬,隨莤隨捲成筒形,揪成50克一小塊,揉成圓形小桃,按編碼入烤盤,放入烤爐烤熟,熟後晾涼,放入木箱中悶透悶軟即可食。糖火燒香甜味厚,綿軟不黏,適合老年人食用。

缸爐燒餅原為河北小吃,後傳入北京,成為北京小吃。其特點是用缸作成爐子,將燒餅生坯直接貼在缸壁上烤熟而得名。

芝麻醬燒餅。也是老北京清明節主要食品之一。無需多說。而它的同類食品澄沙燒餅倒有點意思,因為豆沙餡要從邊上露出一些,別名「蛤饃吞蜜」。

芝麻醬燒餅的作法有很多,根據平時做烙餅的原理也可以改良出很多種作法,鹹、甜口也可以自由變換,還可以用發麵麵糰、平底鍋來做,但這種酥皮麵類的作法還是用烤爐效果會比較好。

如今,驢打滾、糖火燒、豌豆黃、焦圈、芝麻醬燒餅,都是街頭巷尾的常見之物,獨筋道香甜的硬麵餑餑已失了蹤跡。

寒食節配著涼食吃的老北京「四大茶」,有油茶、麵茶、杏仁茶、茶湯。

獨特的老北京清明節涼食

【旁注】

滿族：中國五十六個民族之一。主要分布於中國東北地區，以散居為主，其中居住在遼寧省的人口最多。此外，吉林、黑龍江、河北、內蒙及北京等 31 個省市自治區也有廣泛的人口分布，形成大分散之中有小聚居的特點。

回族：中國五十六個民族之一。是中國分布最廣的少數民族，在居住較集中的地方建有清真寺。7 世紀中葉，大批波斯和阿拉伯商人經海路和陸路來到中國的廣州、泉州等沿海城市以及內地的長安、開封等地定居。13 世紀，蒙古軍隊西征，西域人大批遷入中國，吸收漢、蒙古、維吾爾等民族成分，逐漸形成了一個統一的民族 —— 回族。

焦圈俊王：老北京製作燒餅焦圈的名家 —— 俊王從清朝光緒年間開始製作燒餅焦圈。因為第一代傳人長得高大白胖，模樣俊俏，又姓王，所以人送外號「俊王」。100 多年來「俊王」的燒餅烤出來後外觀並沒有什麼過人之處，可咬一口裡面竟有十幾層，外焦裡嫩，香氣撲鼻。

萬曆：明神宗朱翊鈞的年號，從西元 1573 年至西元 1620 年，明朝使用此年號共 48 年，為明朝所使用時間最長的年號。萬曆前期，張居正主導實行了一系列的改革措施，社會經濟持續發展，對外軍事也接連獲勝，朝廷呈現中興氣象，史稱萬曆中興。

文化新景—已然成節

　　劉若愚（西元 1584 年～？）：明宮廷雜史《酌中志》作者。《酌中志》是一部明宮廷事蹟的重要文獻。劉若愚自稱原名劉時敏，南直定遠人。其家世襲延慶衛指揮僉事，父親應祺官至遼陽協鎮副總兵。萬曆年間被選入皇宮，隸屬司禮太監陳矩名下。因其擅長書法且博學多才，便派其在內直房經管文書。

　　乾隆（西元 1711 年～西元 1799 年）：清高宗愛新覺羅·弘曆，清朝第六位皇帝，定都北京後第四位皇帝。年號乾隆，寓意「天道昌隆」。25 歲登基，在位 60 年，退位後當了三年太上皇，實際掌握最高權力長達 63 年 4 個月，是中國歷史上執政時間最長、年壽最高的皇帝。乾隆在位期間文化、經濟、手工業都是極盛時代。

　　李時珍（西元 1518 年～西元 1593 年）：字東璧，時人謂之李東璧。號瀕湖，晚年自號瀕湖山人。中國古代偉大的醫學家、藥物學家。李時珍曾參考歷代有關醫藥及其學術書籍八百餘種，結合自身經驗和調查研究，歷時 27 年編成《本草綱目》一書，是中國古代藥物學的總結性鉅著。另著有《瀕湖脈學》。

　　戰國：中國古代重要的歷史時期之一，其主體時間線處於東週末期。戰國時代是華夏歷史上分裂對抗最嚴重且最持久的時代之一。這一時期各國混戰不休，故被後世稱之為

「戰國」。戰國承春秋亂世，名士縱橫捭闔，湧現出了大量為後世傳誦的典故，塑造了帝制中國的雛形。

廟會：又稱「廟市」或「節場」。是指在寺廟附近聚會，進行祭神、娛樂和購物等活動，是中華文化傳統的節日風俗。廟會是中國民間廣為流傳的一種傳統民俗活動，廟會是被廣大民眾所創造、享用和傳承的生活文化，它的產生、存在和演變都與老百姓的生活息息相關。

【閱讀連結】

關於驢打滾小吃，在《燕都小食品雜詠》中就有記載：「紅糖水餡巧安排，黃麵成團豆裡埋。何事群呼『驢打滾』，稱名未免近詼諧。」另有：「黃豆年米，蒸熟，裹以紅糖水餡，滾於炒豆麵中，置盤上售之，取名『驢打滾』真不可思議之稱也。」可見「驢打滾」的叫法已約定俗成。

後來，很多人只知雅號俗稱，不知其正名了。許多糕點店一年四季都有供應，但大多數已不用黃米麵而改用江米麵，又因在麵糰外沾上黃豆粉，其顏色仍為黃色，色香誘人，成為群眾非常喜愛的一種小吃。

國家圖書館出版品預行編目資料

寄託哀思，清明祭祀與寒食習俗：寒食、插柳、蠶花會……從寒食節的起源到民間多樣化風俗，細說清明習俗 / 肖東發 主編，郭豔紅 編著 .-- 第一版 .-- 臺北市：複刻文化事業有限公司，2024.12
面；　公分
POD 版
ISBN 978-626-7620-32-8(平裝)
1.CST: 清明節 2.CST: 節日 3.CST: 歲時習俗 4.CST: 中國
538.593　　　　　　113019296

寄託哀思，清明祭祀與寒食習俗：寒食、插柳、蠶花會……從寒食節的起源到民間多樣化風俗，細說清明習俗

主　　編：肖東發
編　　著：郭豔紅
發 行 人：黃振庭
出 版 者：複刻文化事業有限公司
發 行 者：崧燁文化事業有限公司
E - m a i l：sonbookservice@gmail.com
粉 絲 頁：https://www.facebook.com/sonbookss/
網　　址：https://sonbook.net/
地　　址：台北市中正區重慶南路一段 61 號 8 樓
8F., No.61, Sec. 1, Chongqing S. Rd., Zhongzheng Dist., Taipei City 100, Taiwan
電　　話：(02) 2370-3310　　傳　　真：(02) 2388-1990
印　　刷：京峯數位服務有限公司
律師顧問：廣華律師事務所 張珮琦律師

-版權聲明-

本書版權為大華文苑出版社所有授權複刻文化事業有限公司獨家發行繁體字版電子書及紙本書。若有其他相關權利及授權需求請與本公司聯繫。
未經書面許可，不得複製、發行。

定　　價：299 元
發行日期：2024 年 12 月第一版
◎本書以 POD 印製
Design Assets from Freepik.com